T0123481

essentials

essentials liefern aktuelles Wissen in konzentrierter Form. Die Essenz dessen, worauf es als „State-of-the-Art" in der gegenwärtigen Fachdiskussion oder in der Praxis ankommt. *essentials* informieren schnell, unkompliziert und verständlich

- als Einführung in ein aktuelles Thema aus Ihrem Fachgebiet
- als Einstieg in ein für Sie noch unbekanntes Themenfeld
- als Einblick, um zum Thema mitreden zu können

Die Bücher in elektronischer und gedruckter Form bringen das Expertenwissen von Springer-Fachautoren kompakt zur Darstellung. Sie sind besonders für die Nutzung als eBook auf Tablet-PCs, eBook-Readern und Smartphones geeignet. *essentials:* Wissensbausteine aus den Wirtschafts-, Sozial- und Geisteswissenschaften, aus Technik und Naturwissenschaften sowie aus Medizin, Psychologie und Gesundheitsberufen. Von renommierten Autoren aller Springer-Verlagsmarken.

Weitere Bände in der Reihe http://www.springer.com/series/13088

Uwe G. Seebacher

B2B-Marketing

Wie Sie die Marketing-Abteilung
vom Kostenfaktor zum Umsatzfaktor
machen

Uwe G. Seebacher
Graz, Österreich

ISSN 2197-6708   ISSN 2197-6716   (electronic)
essentials
ISBN 978-3-658-30970-1   ISBN 978-3-658-30971-8   (eBook)
https://doi.org/10.1007/978-3-658-30971-8

Die Deutsche Nationalbibliothek verzeichnet diese Publikation in der Deutschen Nationalbibliografie; detaillierte bibliografische Daten sind im Internet über http://dnb.d-nb.de abrufbar.

Planung/Lektorat: Rolf-Günther Hobbeling
Springer Gabler ist ein Imprint der eingetragenen Gesellschaft Springer Fachmedien Wiesbaden GmbH und ist ein Teil von Springer Nature.
Die Anschrift der Gesellschaft ist: Abraham-Lincoln-Str. 46, 65189 Wiesbaden, Germany

Was Sie in diesem *essential* finden können

- Eine Einführung in die aktuelle Situation und die Bedeutung von B2B Marketing
- Verschiedene kurze Definitionen der relevanten Begriffe im B2B Marketing
- Ein Instrument zur Statusanalyse eines B2B Marketings in einer Organisation
- Ein Vorgehensmodell zum Aufbau des beziehungsweise zur Optimierung eines bereits bestehenden B2B Marketings in einem Industrieunternehmen
- Den aktuellen Status von B2B Marketing auf Basis der Marketing Readiness Studie 2020
- Den Quick Check für das Self Assessment zur Ermittlung der eigenen Marketing Readiness und den Vergleich mit dem Industriedurchschnitt
- Kurze Darstellung von verschiedenen Vorlagen und Instrumenten, die im Zusammenhang mit dem Aufbau beziehungsweise der Optimierung von B2B Marketing erprobt und relevant sind
- Ein Ausblick zur Weiterentwicklung von B2B Marketing
- Viele weiterführende Links zu Artikeln und Quellen zur Vertiefung der Inhalte in diesem *Essential*

Vorwort

Die Dynamik im Markt ist aktuell enorm. Die gesamte Industrie ist in Veränderung. Die COVID-19 Krise hat einen enormen Schub in Bezug auf die Nutzung sozialer Medien verursacht und viele Entwicklung werden sich nunmehr noch viel rasanter vollziehen als man dies jemals annehmen hätte können. Dieses herausfordernde Umfeld macht auch nicht vor dem Bereich des bisher eher verschlafen wirkenden Industriegüter Marketings halt.

Vor diesem Hintergrund ist die Nachfrage nach Literatur im Bereich des B2B Marketings immens, weshalb die Idee entstand, eine schnelle und kompakte Information in Form dieses Marketing Essential auf den Markt zu bringen. Dieses Buch liefert auf rund vierzig Seiten den perfekten Einstieg aber auch ein kompaktes Update für den Bereich des Industriegüter Marketings. Im Buch stelle ich alle wichtigen und relevanten Begriffe vor und erkläre diese kurz. Darauf aufbauend wird das Marketing-Reifegrad-Modell vorgestellt, das aufzeigt, wie sich eine B2B-Marketing-Abteilung entwickeln kann und muss, um nachhaltig maßgeblich zum Unternehmenserfolg beitragen zu können. Das Marketing Readiness Self Assessment (MRA) Instrument am Ende des Essential hilft Ihnen, die eigene Marketing Abteilung in Bezug auf deren Reifegrad zu analysieren und sich mit den aktuellen ausgewerteten Daten von Mai 2020 aus Industrie und Wirtschaft zu vergleichen. Mit diesem Quick Assessment wissen Sie sofort, wo Sie stehen und womit Sie beginnen sollten.

Dieses Buch soll drei wesentliche Kernfunktionen erfüllen:

1. Industriegüter Marketing ist ein komplexes Themenfeld. Für B2B-Marketing-Manager stellen sich große Herausforderungen im Umfeld von vorrangig technisch getriebenen Organisationen, eine immer wichtiger werdende Marketing Funktion friktionsfrei gestalten und ausfüllen zu können. Die vielen

Widerstände kommen in den meisten Fällen von den eigenen Kollegen aus den anderen Abteilungen und Bereichen. Dieses Buch soll Ihnen ein Werkzeug an die Hand geben, um Schritt für Schritt proaktiv und nachhaltig erfolgreiches umsatzorientiertes B2B Marketing in Unternehmen jeglicher Größe umsetzen zu können. Es soll ihnen durch klare Anweisungen, Empfehlungen, Informationen und Tipps helfen, sich nach jeder Entmutigung und jedem frustrierten Meeting Mut zu machen und sich nicht geschlagen zu geben. Denn auf lange Sicht werden die B2B-Marketing-Manager auf der Siegerstraße sein, denn es gibt keinen besseren Zeitpunkt im B2B Marketing zu sein als jetzt, wie es Joel Harrison im Podcast zum B2B Marketing Guidebook zum Ausdruck gebracht hatte.[1]

2. Es soll Sie immer daran erinnern, dass Veränderung bei einem selbst beginnt. Wenn Sie heute mit ihrem Finger auf einen Dritten zeigen, wie dies oft geschieht, wenn man andere einer Sache bezichtigt, dann können Sie beobachten, dass ein Finger zum Gegenüber und drei Finger zu Ihnen selbst zeigen. Beginnen Sie umzudenken! Bevor Sie von anderen etwas einfordern, machen Sie Ihre Hausaufgaben und gehen Sie selbst den ersten Schritt. Zeigen Sie, dass ich Sie nicht vor der Arbeit und der Mühe scheuen, sondern im Gegenteil proaktiv am Erfolg und der weiteren Entwicklung arbeiten und gerne auch einmal von sich aus, den ersten Schritt machen. Im weiteren Verlauf dieses Buches wird Ihnen klar werden, was damit gemeint ist und worauf sich das bezieht.

3. Es soll Ihnen innerhalb kurzer Zeit zeigen, wo Sie in Bezug auf Marketing stehen. Mit dem MRA und dem Marketing-Reifegrad-Modell soll es Ihnen die erforderlichen Aspekte, Schritte aber auch Stolpersteine aufzeigen auf dem Weg in Richtung Predictive Profit Marketing.

Herzlich bedanken möchte ich mich bei meinen vielen Kollegen und Weggefährten, die durch ihre Grundlagenarbeiten und die vielen Gespräche dazu beigetragen haben, dass wir heute in der Lage, sind ein solches Marketing Essential als Kondensat für ein nachhaltig erfolgreiches B2B Marketing zu veröffentlichen. Mein Dank gilt stellvertretend folgenden Damen und Herren: Alex Cairns, Amy Edmondson, Thomas Geiger, Klara Gölles, Fabienne Halb, Joel Harrison,

---

[1]https://open.spotify.com/show/5I0x8tv0fPuRbZWl8V4bE8. Zugegriffen: 16. Mai 2020.

Miro Negovan, Vera Müllner, Peter O´Neill, Mariana Romero-Palma, Lukas Strohmeier, Susanne Trautmann, dem gesamten Team des Springer Gabler Verlages und im Speziellen meinem geliebten Vater, der mir stets mit seiner feinen Feder und einem perfekten Lektorat zur Seite gestanden ist. Vielen Dank!

Mai 2020 Uwe G. Seebacher

Inhaltsverzeichnis

Über den Autor

Uwe G. Seebacher, promovierter Volks- und Betriebswirt, leitet die globalen Marketing-, Kommunikations-, Strategie- und Analysetätigkeiten für eine globale Division eines internationalen Industriekonzerns mit Hauptsitz in Graz, Österreich.

Uwe G. Seebacher verfügt über mehr als 25 Jahre Erfahrung in der Fertigungs-, Energie- und Dienstleistungsindustrie, mit einer internationalen Erfolgsbilanz in strategischem und operativem Marketing und Kommunikation sowie in der Organisationsentwicklung. Er ist Dozent an vielen anerkannten Business Schools und Universitäten und hat Artikel in vielen führenden Managementpublikationen verfasst, z. B. „B2B Marketing – A Guidebook for the Classroom to the Boardroom" (Springer 2020), „Marketing Resource Management" (USP Publishing), „Strategic Workforce Management" (Harvard Business Manager) oder „Cyber Commerce Reframing – The End of Business Process Rengineering?" (USP Publishing). Für seine innovativen Marketingkonzepte und -initiativen, z. B. mit der Allianz, der Europäischen Union, der Wirtschaftskammer Österreich, Bayer Leverkusen und BASF, erhielt er verschiedene Auszeichnungen, wie den Diskobolos Innovation Award der Europäischen Wirtschaftskammer und den Exportpreis 2016 der Wirtschaftskammer Österreich.

Bedeutung von B2B Marketing in Zeiten der Netflix-Economy

1

Die Netflix-Industrie ist eine Industrie, die Produkte nicht mehr verkauft, sondern mietet oder least. Der Begriff wurde 2019 durch das Manager Magazin[1] geprägt und beschreibt, wie sich die gesamte Industrie in eine Service-Industrie verändert. Diese Veränderung wird aber nicht durch die Industrie getrieben, sondern vom Markt, der nach immer neuen disruptiven Geschäftsmodellen sucht, um den Wirtschaftsmotor noch besser und schneller ankurbeln zu können. Denn wenn ein Unternehmen eine große Maschine nicht mehr erwerben muss, sondern diese mietet, so wirkt sich dies sehr vorteilhaft auf den Kapitalfluss des kaufenden Unternehmens aus. Das Unternehmen muss ja nicht den gesamten Kaufpreis erbringen, sondern nur monatliche, wesentlich geringere Mietzahlungen leisten. Es können gleichzeitig mehrere dieser Maschinen angeschafft werden. Auf diese Weise kann die Produktionskapazität in kürzester Zeit um ein Vielfaches erweitert werden.

Die Netflix-Industrie bedeutet aber auch, dass zum Beispiel Amazon im Stande ist, nach einer erfolgten Buchbestellung das betreffende Buch direkt im jeweils am günstigsten gelegenen Logistikzentrum auf eigenen Druckmaschinen auszudrucken, um dann innerhalb kürzester Zeit das Produkt sofort an den Kunden zu liefern. Das Modell ist ein „Triple-Win", denn alle Beteiligten haben nur Vorteile. Der Kunde bekommt das Buch schneller, der Verlag spart sich enorme Kosten, da keine Bücher auf Lager produziert werden müssen, und Amazon verdient mit. Es leitet sich daher die berechtigte Frage ab, wenn man sich die rasante Entwicklung bei 3-D Druck Technologie vor Augen führt, ab

---

[1]Müller, E.: „Die Netflix-Industrie", Manager Magazin, Juli 2019, Seite 95–97.

wann Amazon im Stande sein wird, Ersatzteile für Industriemaschinen nach erfolgter Bestellung im jeweils am vorteilhaftest gelegen Logistikzentrum zu produzieren und direkt von dort in kürzester Zeit an den jeweiligen Geschäftspartner zu versenden. Die Aufgabe des B2B Marketing muss somit sein, immer perfekter und präziser dort zu sein, wo ein recherchierender potenzieller Kunde virtuell auf der Suche ist. Der klassische technische Vertrieb wird und kann das alleine und ohne die entsprechenden Daten, das Know-how und die Systeme des B2B Marketings nicht leisten. B2B Marketing wird sexy und für Erfolgstypen sehr attraktiv. Die Zeiten, in denen Mitarbeiter in die Abteilung des Industriegüter Marketings versetzt wurden, um an keiner anderen Stelle im Unternehmen Schaden anzurichten sind endgültig vorbei.

Die Industrie war seit jeher nie der wirkliche Treiber von Innovation. Rückblickend betrachtet waren es nicht die Industrieingenieure, die die enormen Fortschritte ermöglichten, sondern es waren für die damalige Zeit als „verwirrt" geltende Erfindergeister, deren Arbeiten die wahren Innovationstreiber gewesen sind. So legte der Buchsetzer Henry Mills im Jahre 1714 mit einem neuartigen Gerät zur Erstellung von Texten – der Urtyp der Schreibmaschine – den Grundstein für eine völlig neue Art der Büroarbeit und Kommunikation. Im Jahr 1808 machte der Italiener Pellegrino Turri aus der Not eine Tugend und erfand für eine erblindete Gräfin eine Apparatur, mit der sie Briefe schreiben konnte.

Die Industrie war größtenteils einfach Nutznießer von Erfindungen und Entwicklungen aus anderen Bereichen beziehungsweise Experten anderer Wissensgebiete. Heute stehen wir mit der gesamten Industrie vor einem Paradigmawechsel. Die schwerfällige Industrie mit ihren faszinierenden, aber schwerfälligen Produkten steht vor einem Paradigmawechsel. Diese muss sich vom „Blech" weg zu „Software" und „Service" entwickeln. Vereinfacht gesagt, es ist so, als ob man einen Schlosser zum Growth Hacker oder einen Bock zum Gärtner machen würde. Es prallen hier nicht nur in Bezug auf Fachwissen, sondern auch kulturell völlig verschiedene Welten aufeinander. Diesen Umstand belegen mehr als erschreckend aktuelle Studien von renommierten und seriösen Institutionen, wie jene des Verbandes der deutschen Maschinen und Anlagenbauer (VDMA). Im Jahre 2019 führte dieser Verband eine Umfrage[2] unter 1700 Teilnehmern durch, um die aktuellen Kompetenzen in Bezug auf Industrie 4.0 abzufragen. Das Ergebnis war erschreckend, denn die Industrie attestierte sich selbst, dass das

---

[2]https://www.vdma.org/documents/14969637/46993756/Onlinekompetenzch eck_1581497893938.pdf/bb8bb533-b070-6aa0-8f40-44e865927630. Zugegriffen: 16. Mai 2020.

Wissen rund um Industrie 4.0 bei Studierenden, Beschäftigten und Unternehmen selbst in Deutschland nicht ausreicht, um den digitalen Wandel mitgestalten zu können. Modernes B2B Marketing ist aber eng mit der Digitalisierung verbunden. Erst kürzlich wurde die aktuelle Landschaft der verfügbaren Marketing Technologien – dem MarTech Stack – publiziert, die seit 2011 mit 150 Produkten auf heute mehr als 8000 Lösungen und Produkte für modernes Marketing angewachsen ist.[3]

Das bedeutet für B2B Marketers, dass sie in einem Bereich tätig sind, der selbst anscheinend nicht für die Digitalisierung gewappnet ist, aber nunmehr im Bereich Marketing 4.0 auf ebensolche Technologien angewiesen ist, um sich nachhaltig in einem globalen Wettbewerb behaupten zu können. Denn eines ist auch klar, die Hochzeiten der einstigen Vorzeige-Industrieunternehmen sind längst vorbei und der Abstand in Bezug auf Modernisierung und Innovation zu den wahren Innovationstreibern aus Asien wird immer größer. Somit wird der B2B Marketer zum Veränderungsmanager, dessen Pflicht es ist, die völligen neuen Möglichkeiten des modernen Industriegüter Marketings für sich, aber vor allem auch für das jeweilige Unternehmen bestmöglichst zu nutzen. Tut der B2B Marketer dies nicht, kann eines Tages sein Vorgesetzter sehr wohl den Vorwurf erheben, das Management nicht auf diese neuen Möglichkeiten durch „Marketing 4.0" (Kotler 2019) oder „Marketing Engineering"[4] hingewiesen zu haben.

Vor diesem Hintergrund soll dieses Buch auf wenigen Seiten sehr kompakt das erforderliche Fachwissen darstellen, um mit dem erforderlichen Rüstzeug für diesen substanziellen Veränderungsprozess ausgestattet zu sein. Dieses Fachwissen wird zudem mit dem notwendigen Wissen in Bezug auf organisatorische Veränderungen aber auch Argumente und Taktiken angereichert, sodass Sie sowohl inhaltlich als auch strategisch-taktisch bestens ausgerüstet sind, um mit vielen kleinen Schritten Ihren Erfolgsweg in Richtung modernes Predictive Profit Marketing gehen zu können. Denn Industrieunternehmen werden in den kommenden Jahren mehr denn je auf ein modernes und entsprechend aufgesetztes B2B Marketing als substanziellem und sicheren Umsatzbringer angewiesen sein. Nicht nur, dass sich das gesamte Wesen der Industrie verändert, wird sich nämlich auch die Aufgabe und Funktionsweise des technischen Vertriebs maßgeblich verändern.

---

[3]https://chiefmartec.com/2020/04/marketing-technology-landscape-2020-martech-5000/. Zugegriffen: 16. Mai 2020.
[4]https://en.wikipedia.org/wiki/Marketing_engineering. Zugegriffen: 16. Mai 2020.

Dies ist darauf zurückzuführen, dass Vertriebsprozesse aber auch Anbahnungs-prozesse für Produkte mit hohem Aufwand aber kleinem Ertrag mehr und mehr automatisiert und standardisiert abgewickelt werden müssen, um diese Produkte zu wettbewerbsfähigen Preisen anbieten zu können. Dies ist wiederum erforder-lich, um die entsprechenden Kapazitäten im kostenintensiven Vertrieb für Schlüsselkunden und Großprojekte, die in deren Aufkommen mengenmäßig geringer, aber in Bezug auf den Ertrag wesentlich größer und somit wichtiger zu erachten sind, vorhalten zu können. Für den Bereich der Standardprodukte bedeutet dies, dass der gesamte Prozess von Anbahnung, Pflege bis hin zum Abschluss bzw. Kauf durch möglichst durchgängig und interagierende Systeme automatisiert ausgespielt werden muss. Für den zweiten Bereich bedeutet dies, dass über entsprechende MarTech-Lösungen wie Account-based Marketing (ABM) oder Customer Intelligence laufend Informationen zu Schlüsselkunden und Ausschreibungen zu großen Projekten automatisiert gesammelt und aus-gewertet werden müssen. Die gesamten Digital Bread Crumbs[5] im Sinne der virtuellen Fußabdrücke der relevanten Organisationen und Personen müssen auf-gezeichnet werden. Nur dadurch wird es dem Vertrieb möglich sein, bereits vor der Konkurrenz mit dem entsprechenden Inhalt an der richtigen Stelle sein zu können. (Seebacher 2021)

Viele verschiedene Fallstudien (Negovan 2021) belegen, dass innerhalb von nur wenigen Monaten ein entsprechend aufgesetztes B2B Marketing die Zahl der durch das Marketing generierten Inbound Leads im hohen dreistelligen Pro-zentbereich nach oben treiben kann. Innerhalb von wenigen Monate haben B2B Marketingabteilungen auch gesamte Vertriebsstrukturen mithilfe der in diesem Buch dargestellten Methode[6] neu ausgerichtet. Das passiert nicht von heute auf morgen, sondern ist das Ergebnis eines durchdachten und stringent umgesetzten Veränderungsprozesses, sowohl organisational, prozessual, als auch informations-technologisch. Das bedeutet, dass für B2B-Marketing-Manager interessante Zeiten bevorstehen, wenn es gelingt, durch geschicktes und strukturiertes Vor-gehen die Entscheider und Mitstreiter von den enormen Potenzialen eines modernen B2B Marketings zu überzeugen und auf diese Weise Schritt für Schritt die entsprechenden Maßnahmen in die Wege zu leiten.

---

[5]https://www.onlinemarketinginstitute.org/blog/2012/10/seo-breadcrumbs-not-just-for-the-birds/. Zugegriffen: 16. Mai 2020.

[6]https://www.marconomy.de/vertriebsoptimierung-in-365-tagen-ein-praxisbeispiel-a-904712/. Zugegriffen: 16. Mai 2020.

1.1   Wer kann B2B Marketing?

Prinzipiell jeder und jede, die mit dem entsprechenden Rüstzeug in diesem Buch ausgestattet sind, aber auch willens sind, diese so attraktive und lohnenswerte Aufgabe im Sinne einer modernen Unternehmensfunktion wahrzunehmen. Im Folgenden werde ich kurz auf die möglichen Szenarien eingeben, die als relevant und wichtig erscheinen. Anhand dieser Szenarien leitet sich auch direkt ab, für welche Zielgruppen dieses Buch relevant ist.

1.1.1   Für Studienabgänger gilt der Manager Check

Als Studienabgänger oder Absolvent ist es wichtig, dass Sie in kürzester Zeit den Werkzeugkasten des modernen B2B Marketings erlernen. Sie müssen über die aktuellen Begriffe informiert sein und das Marketing-Reifegrad-Modells in Bezug auf Konzepte und Instrumente verstanden haben. Im Rahmen des Recruitings müssen Sie sich ein Bild von Ihren zukünftigen Kollegen machen. In Bezug auf den zukünftigen möglichen Vorgesetzten müssen Sie erkennen, ob Ihr Vorgesetzter in Bezug auf diesen Themenbereich kompetent ist und ob er oder sie eine entsprechende Visibilität und Glaubwürdigkeit in der Organisation hat. Sollte keines der beiden Kriterien erfüllt sein, nehmen Sie diese Position nicht an und suchen Sie eine andere. In diesem Fall können Sie nicht gewinnen. Sollten Sie zum Schluss kommen, dass der oder die zukünftige Vorgesetzte eines der beiden Kriterien erfüllt, so können Sie mit Maß und Ziel loslegen.

1.1.2   Für Quereinsteiger aus dem B2C Bereich gilt „Ball flach halten"

Auch wenn in vielen Publikationen darauf verwiesen wird, dass sich B2C und B2B immer mehr einander annähern, ist dies zweifelsohne völlig korrekt, aber die Realität ist in den meisten Industrieunternehmen und bei den entsprechenden Entscheidern noch nicht angekommen. Wenn Sie den völlig richtigen Schritt unternommen haben, bei einem Industrieunternehmen anzuheuern, dann müssen Sie auf Folgendes gefasst sein: Bei jeder Gelegenheit und in Meetings mit Kollegen aus dem Vertrieb oder aus Ingenieursbereichen werden Sie sofort mit dem Argument „Sie haben doch keine Ahnung, denn die Industrie tickt anders!" ausgebremst.

Auch wenn Sie noch so einen Track Record von Erfolgen mitbringen, müssen Sie sich des Cultural Clashs bewusst sein. Ansonsten sind Sie schneller abgeschrieben, als Sie überhaupt zeigen konnten, was in Ihnen steckt. Denn ähnlich wie in Krankenhäusern mit den Ärzten als „Götter in Weiß", sind es bei Industrieunternehmen die „Ingenieure in Grau", die mit hoher Sicherheit und hohem Selbstverständnis ohnehin über jedes erforderliche Wissen verfügen – und Marketing ist ohnehin Luxus. Sie werden nur dann erfolgreich sein, wenn Sie beharrlich sich das Vertrauen der Kollegen aufbauen, in dem Sie bescheiden und wenig farbenfroh beginnen Ihren Job als B2B Marketer einfach sauber zu strukturieren und zu erfüllen, so wie wir dies in diesem Buch als Entwicklungsmodell darstellen. Sie müssen auf die in diesem Buch angeführten Querschläger vorbereitet sein, um entsprechend freundlich und kompetent darauf reagieren zu können. Auf diese Weise werden Sie es schaffen, den erforderlichen organisatorischen aber auf psychologischen Veränderungsprozess zu initiieren und zu etablieren. Das ist wiederum die Basis, um ein konservatives, wie noch in circa 80 % aller Industrie Unternehmen vorzufindendes, Industriegüter Marketing, in Richtung Marketing 4.0 (Kotler 2019) und Marketing Engineering[7] neu ausrichten zu können.

Natürlich sollten Sie auch nicht die zuvor beschriebene Komponente der Kompetenz und Positionierung Ihres jeweils Vorgesetzten außer Acht lassen, denn Ihre Loyalität erfordert es diesem oder dieser bestmöglich zu zu arbeiten. Wenn Sie dies in der entsprechenden Art und Weise erledigen, wird man Ihnen Schritt für Schritt einen größeren Handlungs- und Vertrauensspielraum einräumen, auf Basis dessen Sie in immer höherer Geschwindigkeit Ihren Weg in Richtung Predictive Profit Marketing beschreiten können. Überlegen Sie sich genau, welches Thema Sie zu welcher Zeit mit welchem internen Kunden im Sinne des Partners angehen und platzieren.

1.1.3 Frustrierte B2B-Marketing-Manager beginnen „unter dem Radar"

Wenn Sie sich aktuell in einer Position als Industriegüter Marketing Manager in einem entsprechend konservativen, nicht wirklich Marketing affinen Umfeld

---

[7]https://en.wikipedia.org/wiki/Marketing_engineering. Zugegriffen: 16. Mai 2020.

befinden, dann sind Sie in einer relativ vorteilhaften Position – wenn Sie denn im Innersten wirklich und aus voller Überzeugung etwas an der jetzigen Situation verändern möchten. Denn offen gestanden, höre ich von vielen meiner Kollegen immer wieder, wie verzweifelt sie sind und wie schlimm alles ist, aber ich sehe de facto nicht den Wunsch und das Drängen nach wirklicher Veränderung. Es drängt sich mir eher der Verdacht auf, dass man sich in diesem „geschützten" Arbeitsplatz eigentlich sehr wohl fühlt und aus dieser Komfortzone gar nicht heraus möchte, denn das würde Mehraufwand und Unwohlsein mit sich bringen.

An diesem Punkt müssen Sie der Realität in die Augen schauen. Diese in diesem Buch dargestellten Inhalte basierend auf den vielen Arbeiten und Projekten von den besten und angesehensten Experten im modernen B2B Marketing sind zu kostbar, um durch halbherziges Umsetzen verbrannt zu werden. Sie müssen es wirklich wollen, aus Ihrem Schattendasein als Industriegüter Marketer herauszukommen. Denn nur dann werden Sie authentisch und souverän genug sein, um in den entscheidenden Gesprächen und Situationen Ihren Standpunkt behaupten und vertreten zu können.

Wenn Sie zu dem Schluss gekommen sind, dass Sie das wirklich möchten, dann können Sie mithilfe des in diesem Buch beschriebenen Entwicklungsmodells Schritt für Schritt die entsprechenden Aktivitäten vorbereiten, sie umsetzen und evaluieren sowie dokumentieren. Informieren Sie Ihren Vorgesetzten regelmäßig und teilen Sie Ihre Arbeitsergebnisse auch in entsprechender Weise mit Ihren internen Kunden, damit diese darüber informiert sind und Sie sich jederzeit in der täglichen Arbeit darauf berufen können. Sie werden überrascht sein, wie schnell sich der entsprechende Erfolg einstellen wird.

1.2 Zusammenfassung

Sollte ich mit dieser Aufstellung eine Zielgruppe oder ein Herkunftsszenario eines zukünftigen B2B Marketers nicht erwähnt haben, so bedaure ich dies und ich würde mich freuen, diesbezüglich informiert zu werden. Gerne werde ich dies in der Neuauflage des Buches berücksichtigen. Auf Ihre Erfolgsgeschichten und Erkenntnisse werde ich ebenso gerne eingehen und diese in die nächste Auflage zum Nutzen aller unserer geschätzten Kollegen im Industriegüter Marketing einarbeiten.

Das B2B-Marketing-Ökosystem – Ein kurzer Überblick der wichtigsten Buzz-Words

Im folgenden Abschnitt sollen die wichtigsten Begriffe des B2B Marketings dargestellt und kurz erklärt werden. Ein ausführliches Kompendium an relevanten Begriffen und deren Definitionen findet sich im Buch „B2B Marketing – A Guidebook for the Classroom to the Boardroom" (Seebacher 2021), welches sowohl in einer deutschen als auch englischen Ausgabe verfügbar ist.

2.1 A/B Testing

Dieser Begriff bezeichnet das Vergleichen und Testen von verschiedenen Marketing Maßnahmen durch Austauschen und Verändern einzelner Bestandteile der Maßnahmen, wie zum Beispiel von Bildern, Überschriften bis hin zu den Ausspielungszeiten im Tagesverlauf von Inhalten um die jeweils beste Conversion[1] zu erreichen.

2.2 Account-based Marketing (ABM)

Der Begriff „Account-based Marketing"[2] beschreibt das programmatische Bearbeiten von definierten Schlüssel Kunden. Vertriebsseitig wird der Begriff des Key Account Managements[3] in diesem Zusammenhang verwendet.

---

[1]https://de.wikipedia.org/wiki/Conversion-Tracking. Zugegriffen: 16. Mai 2020.
[2]https://en.wikipedia.org/wiki/Account-based_marketing. Zugegriffen: 16. Mai 2020.
[3]https://de.wikipedia.org/wiki/Key-Account-Management. Zugegriffen: 16. Mai 2020.

© Der/die Herausgeber bzw. der/die Autor(en), exklusiv lizenziert durch Springer Fachmedien Wiesbaden GmbH, ein Teil von Springer Nature 2020
U. G. Seebacher, *B2B-Marketing*, essentials,
https://doi.org/10.1007/978-3-658-30971-8_2

2.3   Ambassador

Der Begriff bezeichnet einen Botschafter für eine Marke oder ein Unternehmen. Oftmals wird der Ambassador mit einem Influencer[4] verwechselt. Der Unterschied ist, dass ein Ambassador im Markt nicht neutral auftritt, und ein Influencer idealerweise nicht weiß, dass er als solcher von einem Unternehmen „auf dem Radar" ist und deswegen mit Inhalten bespielt wird.

2.4   Business-to-Business (B2B) Marketing

Dieser Begriff bezieht sich auf jenes Marketing, das zwischen Marktteilnehmern stattfindet, die als Teilnehmer in einem Markt keine Endkunden sind. Diese Marktteilnehmer sind durch komplexe Einkaufsprozesse charakterisiert, wobei sich auch diese Prozesse immer mehr an jene des B2C Bereiches angleichen. Oftmals finden sich auch die Bezeichnungen Human-to-Human (H2H), People-to-People (P2P), Business-to-Anonymous (B2A), Business-to-All (B2A), End-to-End (E2E) oder All-to-All (A2A) in verschiedenen Publikationen.

2.5   Buyer Journey

Die Buyer Journey[5] wird auch Customer Journey genannt und bezeichnet die „Reise" eines Käufers durch den Recherche-, Evaluierungs- bis hin zum Kaufprozess. Die Buyer Journey setzt sich aus den drei Abschnitten Bewusstseins-, Überlegungs- und Entscheidungsphase zusammen.

---

[4]Siehe hierzu den entsprechenden Abschnitt in diesem Kapitel.

[5]https://blog.hubspot.com/sales/what-is-the-buyers-journey. Zugegriffen: 16. Mai 2020.

2.6   Buyer Persona

Die Buyer Persona[6] ist ein generisches Profil zu einem archetypischen Käufer, der anhand gewisser Kriterien beschrieben wird. Die Buyer Persona ist auch die theoretische Basis von Influencer Journeys, die im Bereich des B2B-Influencer-Marketings[7] zum Einsatz kommen.

2.7   Conversion Rate

Die Conversion Rate[8] bezeichnet den Grad der Umwandlung einer Marketingmaßnahme in ein konkret messbares Ergebnis hinsichtlich Umsatzgenerierung. Je nachdem, wo die jeweilige Maßnahme im Rahmen der Buyer Journey angesiedelt ist, kann eine Conversion eine Umwandlung von einem anonymen Webseitenbesucher hin zu einem „bekannten" Kontakt im Sinne eines Leads ebenso sein wie die Umwandlung von einem Marketing Qualified Lead (MQL)[9] hin zu einem Sales Qualified Lead[10].

2.8   Customer Experience (CX)

Die CX kann auch als User Experience (UX) oder Buyer Experience bezeichnet werden und bezieht sich auf die Wahrnehmung eines Kunden oder Nutzers an allen Kontaktpunkten eines Unternehmens.

---

[6]http://www.digitalwiki.de/buyer-personas/. Zugegriffen: 16. Mai 2020.

[7]https://b2bmarketing.works/blog/whitepaper/b2b-influencer-marketing/. Zugegriffen: 16. Mai 2020.

[8]https://de.ryte.com/wiki/Conversion_Rate. Zugegriffen: 16. Mai 2020.

[9]Siehe hierzu den entsprechenden Abschnitt in diesem Kapitel.

[10]https://searchcustomerexperience.techtarget.com/definition/sales-qualified-lead-SQL. Zugegriffen: 16. Mai 2020.

2.9   Data-driven Marketing

Dieser Begriff bezeichnet ein Marketing, das kompromisslos zahlenbasiert arbeitet. Alles wird gemessen, ausgewertet und verwendet, um bei allen Maßnahmen stets den Marketing RoI (MRoI) zu optimieren.

2.10   Demand Generation

Dieser Begriff bezeichnet die Generierung von Nachfrage ganz zu Beginn der Buyer Journey, um dadurch virtuell potenzielle Käufer während deren Suche und Recherche nach relevanten Produkten dort zu treffen, wo diese jeweils unterwegs sind. Mithilfe der Erkenntnisse aus dem Bereich CX/UX werden dann situativ jeweils die relevanten Inhalte in der jeweils optimalen Form ausgespielt.

2.11   Gated Content

Inhalt, der nur durch Eingabe oder Bekanntgabe von persönlichen Daten einsehbar ist, wird als Inhalt hinter verschlossenen Türen bezeichnet.

2.12   Inbound Marketing

Dieser Begriff definiert alle Marketingmaßnahmen, die darauf abzielen, Kundenanfragen ins Unternehmen zu bringen. Inbound Marketing ist vergleichbar mit dem Fischen im Meer mit dem großen Netz. Inbound Marketing stellt zumeist auf das Generieren von neuen, bisher unbekannten Kontakten ab.

2.13   Influencer

Der Begriff entstammt, wie so vieles im B2B Bereich aus dem B2C. Ein Influencer ist ein Multiplikator, der aufgrund seiner Position ein entsprechendes Netzwerk hat, in dem er einem Unternehmen eine entsprechende Visibilität verschaffen kann. Auf diesem Gebiet ist Vorsicht geboten, denn ein Influencer muss sehr sensitiv bespielt werden. Im Bereich des Influencer Marketings machen viele B2B Marketers gravierende Fehler. Vorsicht ist geboten.

2.14 Influencer Journey

Dieser Begriff basiert auf derselben Methodik wie die Buyer Journey und beschreibt die Reise des Influencers vom Nicht-Kennen eines Unternehmens bis hin zum Schätzen und Kennen eines Unternehmens. Am Ende der Influencer Journey steht allerdings nicht der Kauf eines Produktes, sondern in den meisten Fällen strategische Zielsetzungen.

2.15 Influencer Marketing

Dieser Begriff beschreibt alle Marketing Maßnahmen, die auf definierte Influencer ausgerichtet sind. Im B2B Bereich wird oftmals auch Corporate Influencing verwendet (Weinländer 2021).

2.16 Lead Management

Lead Management definiert alle Maßnahmen zur Bearbeitung, der Administration und dem Management von Leads mit dem Ziel, daraus schnellstmöglich Käufer zu generieren (Wenger 2021).

2.17 Lead Nurturing

Während Lead Management das prozesstechnische und verkäuferische Managen der potenziellen Kunden ist, bezieht sich das Nähren der Leads auf deren Bearbeitung mit den jeweils richtigen Inhalten in Bezug auf Kernaussage, Aufbereitung und Umfang des Inhalts, Form der Ausspielung hinsichtlich des Kanals und der Zeit. Beim Lead Nurturing[11] wird darauf abgestellt, den Lead auf die nächste Ebene im Sales Funnel zu bringen.

---

[11]https://www.marketo.com/lead-nurturing/. Zugegriffen: 16. Mai 2020.

2.18 Marketing Automation

Marketing Automation kann im Weiteren, engeren und im engsten Sinn verstanden werden. Grundsätzlich beschreibt der Begriff die informationstechnische Automatisierung von häufig wiederkehrenden Abläufen und Aktivitäten im Bereich des Marketings (Klaus 2021; Mrohs 2021; Romero-Palma 2021).

2.19 Marketing Qualified Lead (MQL)

Ein MQL ist ein potenzieller Kunde, der zuvor definierte Kriterien erfüllt. Diese Kriterien können situativ variieren. So ist ein MQL zum Beispiel ein Kontakt, von dem man dessen Namen, seine eMail-Adresse und seine Telefonnummer durch eine Lead Nurturing Kampagne generiert hat.

2.20 MarTech Stack

Dieser Begriff setzt sich zusammen aus den Worten „Marketing", „Technology" und „Stack" und bezeichnet IT-Lösungen und -Systeme im Umfeld des modernen, digitalen Marketings. Im April 2020 wurde die aktuelle MarTech Stack Landscape aktualisiert veröffentlicht mit mehr als 8000 Marketing Technology Lösungen.[12]

2.21 Marketing Orchestration

Dieser Begriff ist relativ jung und bezieht sich auf neue Art von informationstechnischer Middleware, die auf Basis von Künstlicher Intelligenz (Bünte 2018) alle relevanten Systeme und deren Daten verbindet und mittels KI auswertet und evaluiert.[13]

---

[12]https://chiefmartec.com/2020/04/marketing-technology-landscape-2020-martech-5000/. Zugegriffen: 16. Mai 2020.

[13]https://anchor.fm/dashboard/episode/ee37tj. Zugegriffen: 16. Mai 2020.

2.22 Marketing Resource Management (MRM)

Dieser Begriff wurde Anfang des neuen Jahrtausends von Seebacher und Guepner (2011) fest im Bereich des B2B Marketings etabliert. MRM hat das Ziel die gesamten Aktivitäten im Bereich des Marketings und der Kommunikation mittels Indices vergleichbar messbar zu machen. Die Vergleichbarkeit der Performance einer Anzeige im Printbereich und einer Messe kann nicht in absoluten Zahlen, sondern vielmehr über Prozent-basierte Indexwerte verglichen werden.

2.23 Marketing Process Library (MPL)

Die Marketing Process Library (MPL) ist eine, wie auch immer geartete Darstellung der Prozesse der gesamten Aktivitäten im Bereich des Marketings. Idealerweise wird eine solche Prozessbibliothek in Form einer einfach zu handhabenden PowerPoint Präsentation erstellt. Wichtig ist die gute und einfache Handhabbarkeit, da sich eine aktiv genutzte Dokumentation laufend weiter entwickeln wird. Eine vollständige Dokumentation wird zwischen 80 und 150 Folien umfassen und wird zumindest einmal pro Jahr überarbeitet. Diese Dokumentation soll der gesamten Organisation bekannt und zugänglich sein.

2.24 Outbound Marketing

Dieser Begriff des Outbound Marketings (Reisert 2017) beschreibt das klassische Marketing, bei dem das Unternehmen proaktiv auf potenzielle Kunden zugeht, indem zum Beispiel Call Center für Kundenakquise eingesetzt werden.

2.25 Performance Marketing

Performance Marketing[14] beschreibt eine strategische Ausrichtung einer Marketingorganisation, die stringent alles messbar macht und auch misst. Der Begriff stammt ursprünglich aus dem Onlinebereich, bei dem alle Aktivitäten

---

[14]https://de.wikipedia.org/wiki/Performance-Marketing. Zugegriffen: 16. Mai 2020.

und Maßnahmen erstmals transparent messbar wurden. Durch die Entwicklung im Bereich der Data Science[15] aber auch der Business Intelligence werden immer mehr Daten für immer mehr Bereiche des B2B Marketings 24/7 verfügbar und messbar.

2.26   Sales Channel Marketing (SCM)

Der Begriff definiert alle B2B Marketing Maßnahmen, die auf die verschiedenen Vertriebskanäle abzielen. Gerade durch modernes, MarTech-gestütztes B2B Marketing ist SCM mittlerweile sehr einfach und kostengünstig umsetzbar. Der Channel Support Manager ist ein daraus entstandenes neues Berufsbild im B2B Marketing.

2.27   Sales Qualified Lead (SQL)

Der SQL ist vergleichbar mit dem zuvor dargestellten MQL mit dem Unterschied, dass sich der SQL in einem bereits weiteren Stadium der Buyer Journey und somit näher zum Kauf befindet. Wiederum wird ihm der Status SQL durch die Erfüllung von zuvor definierten Kriterien vergeben.

2.28   Social Selling

Social Selling definiert das Verkaufen über Social Media. Was in Europa und den USA noch nicht so verbreitet ist, erfreut sich in China bzw. Asien bereits großer Beliebtheit. Über WeChat[16] werden heute mittlerweile große Maschinen im sechsstelligen Dollarbereich verkauft.

---

[15]https://www.gartner.com/reviews/market/data-science-machine-learning-platforms. Zugegriffen: 16. Mai 2020.

[16]https://en.wikipedia.org/wiki/WeChat. Zugegriffen: 16. Mai 2020.

2.29 Story Telling

Was man früher als „Soft Selling"[17] bezeichnete, wird heute im B2B Bereich als „Geschichten erzählen" bezeichnet. Es geht darum, weg vom Produktmarketing hin zum Verpacken der Kernaussagen in Form einer interessanten Geschichte zu gelangen, damit der Kunde das Unternehmen als interessant und innovativ wahrnimmt und letzten Endes dann darauf aufbauend, zum Käufer wird.

2.30 Touchpoint Management

Touchpoints[18] sind Kontaktpunkte eines Unternehmens, über die mit Interessenten und Kunden kommuniziert und interagiert werden kann. Das Managen dieser Touchpoints erfolgt mit dem Ziel, diese in den verschiedenen Journeys einzusetzen, deren Performance zu messen und anhand der Ergebnisse die jeweiligen Touchpoints laufend zu optimieren. Touchpoint Management[19] hängt eng mit dem Bereich CX/UX zusammen.

2.31 Zusammenfassung

Wir haben in diesem Abschnitt die wichtigsten Begriffe im Bereich des B2B Marketings kurz beschrieben. Ausführlicher und umfassender sind diese im B2B Marketing Guidebook (Seebacher 2021) bearbeitet.

---

[17]https://www.investopedia.com/terms/s/soft-sell.asp. Zugegriffen: 16. Mai 2020.

[18]https://de.wikipedia.org/wiki/Touchpoint. Zugegriffen: 16. Mai 2020.

[19]http://www.groissberger.at/customer-touchpoint-management/. Zugegriffen: 16. Mai 2020.

Das Marketing-Reifegrad-Modell – Der Coach auf dem Weg zu Predictive Profit Marketing

3

Das Marketing-Reifegrad-Modell ist aus einer Not heraus entstanden. Ich habe es entwickelt und konzipiert, um den vielen Kollegen aus der Praxis ein einfaches Modell an die Hand geben zu können, die mich während vieler Gespräche immer danach gefragt haben, womit sie denn beginnen sollten. Sehr rasch erkannte ich, dass ich, um die Fragen dieser geschätzten Kollegen beantworten zu können, immer nach den gleichen Dingen in den Unternehmen fragte. Somit war dieser Dialog in den Kreisen vieler B2B-Marketing-Manager sehr inspirierend, um das fünf Stufenmodell zum B2B Marketing entwickeln zu können. Bevor dieses Modell nun im Überblick kurz beschrieben werden soll, wird an diese Stelle die so wichtige, gemeinsam und abgestimmte Ausgangsbasis im Sinne der Definition von B2B Marketing angeführt werden[1]:

> „Business marketing is a marketing practice of individuals or organizations (including commercial businesses, governments and institutions). It allows them to sell products or services to other companies or organizations that resell them, use them in their products or services or use them to support their works. It is a way to promote business and improve profit too.
>
> Business marketing is also known as industrial marketing or business-to-business (B2B) marketing. Business-to-government marketing, while still classified within the B2B discipline due to the sharing of dynamics, does differ slightly."

Vor diesem Hintergrund bezeichnen wir B2B Marketing als die gesamten Aktivitäten in Bezug auf bestehende und potenzielle Geschäftskunden hinsichtlich

---

[1]https://en.wikipedia.org/wiki/Business_marketing. Zugegriffen: 16. Mai 2020.

© Der/die Herausgeber bzw. der/die Autor(en), exklusiv lizenziert durch Springer Fachmedien Wiesbaden GmbH, ein Teil von Springer Nature 2020
U. G. Seebacher, *B2B-Marketing*, essentials,
https://doi.org/10.1007/978-3-658-30971-8_3

der marktgerechten Gestaltung, dem jeweils optimalen Preis[2], die gesamte Kommunikation aber auch die jeweils beste Distribution. Der Vertrieb ist laut Philip Kotler (2019) eine Unterfunktion der Distribution als Teil des Marketing-Mix, und er befasst sich mit Umsatz, also dem Umsetzen von Produkten aller Art aber auch Services. Der Vertrieb agiert nur in direktem Kontakt mit den Kunden. Im Umkehrschluss bedeutet dies, dass sich die Wertschöpfungskette des B2B Marketings im Vergleich zu herkömmlichem Marketing erweitert hat. Modernes B2B Marketing umfasst alle Aktivitäten von Demand Generation, Lead Generation, Lead Nurturing, Marketing Qualified Lead Generation bis hin zu Market, Consumer, Project und Predictive Intelligence und Analytics, um dadurch ex ante exakt zu wissen, wo zu welcher Zeit über welchen Kanal und welches Medium ein relevanter Inhalt an einen Kontakt ausgespielt werden muss. Das alles muss in enger Abstimmung mit den internen Kunden wie Produkt Marketing, Forschung und Entwicklung oder Vertrieb stattfinden, und das Mastermind muss und kann entsprechend nur das B2B Marketing diesbezüglich sein, weil nur Marketing über die gesamten Daten diesbezüglich verfügt.

Damit dies aber durch das Marketing auch geleistet werden kann, bedarf es Schritt für Schritt sich entlang des Marketing-Reifegradmodells von klassischem Industriegüter Marketing hin zu Next Generation B2B Marketing zu entwickeln. Dieses Modell (Abb. 3.1) umfasst folgende fünf Reifegrad:

1. Stufe 1: Eindirektionales, reaktives Marketing (ERM)
2. Stufe 2: Bidirektionales, reaktives Marketing (BRM)
3. Stufe 3: Interaktives Marketing (IAM)
4. Stufe 4: Proaktives Analytics Marketing (PAM)
5. Stufe 5: Predictive Profit Marketing (PPM)

3.1 Eindirektionales, reaktives Marketing

Dieser Typ Marketing ist in rund 80 % der Industrie Unternehmen vor zu finden. Marketing ist jene Abteilung, die Broschüren entwickelt und Veranstaltungen organisiert. Marketing ist die verlängerte Werkbank der anderen Abteilungen und muss auf Zuruf reagieren. Seitens des Marketings wird kein proaktiver Input erwartet und entscheidend ist – auch wenn Anfragen viel zu spät und ungenau

---

[2]Zum Beispiel Dynamic Pricing als Teil von integrierten Configure-Price-Quote Systemen.

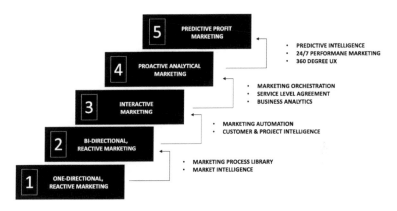

Abb. 3.1 5 Stufen Reifegrad-Modell zum B2B Marketing nach Seebacher

an Marketing gerichtet werden –, dass Marketing stets pünktlich und einwand-frei liefert. Marketing ist geprägt von Hektik und Stress. Der oder die Marketing Mitarbeiter haben immer nur wenig Zeit, um Dinge abzuarbeiten und sind in den meisten Fällen nur Schnittstelle und Kommunikation zu einer Fülle von externen Agenturen und Lieferanten. Neben dem geringen, daraus resultierenden Stellenwert des Marketings liegt der Hauptteil der Wertschöpfung nicht im Unternehmen sondern bei den externen Zulieferern, was in weiterer Folge zu extremer Kostenineffizienz aller Maßnahmen und einer hohen Abhängigkeit von diesen Zulieferern führt. Der Weg aus dieser unerfreulichen Falle führt über die Realisierung von folgenden drei Elementen.

3.1.1 Marketing Process Library (MPL)

Die Erstellung der MPL ist ein entscheidender Aspekt. Als methodische Basis wenden Sie die Methode der Flowcharts an.[3] Mithilfe dieser Technik erstellen Sie für die Marketingabteilung für alle Tätigkeitsfelder entsprechende Prozesse. Beginnen Sie im ersten Schritt, die verschiedenen Tätigkeitsfelder zu definieren. In den meisten Fällen wird es sich um die Themen Content Management, Event

---

[3]https://de.wikipedia.org/wiki/Programmablaufplan. Zugegriffen: 16. Mai 2020.

Management und Data Management oder CRM handeln. Entweder Sie ziehen dafür das eigene Organigramm der Abteilung heran, wenn es sich um ein Team handelt, oder aber Sie skizzieren für sich die wichtigsten Bereiche. Wenn Sie Mitarbeiter haben, lassen Sie jeden einzelnen im ersten Schritt die eigenen Hauptaktivitäten aufschreiben. Diese erste Aufstellung stimmen Sie im Team ab, damit es keine Überschneidungen gibt.

Wenn diese Tätigkeitsfelder abgestimmt und klar abgegrenzt sind, beauftragen Sie die Mitarbeiter Prozess Charts[4] für die eigenen Aktivitäten in Microsoft PowerPoint (Abb. 3.2) zu erstellen. Alles, was nicht auf eine Seite bzw. Folie passt, muss in zwei oder mehrere Prozesse – Teilprozesse – unterteilt werden. Zu Beginn ist es erforderlich, den Mitarbeitern methodisch zur Seite zu stehen, damit das gesamte Prozessmodell konsistent ist und nicht ein Mitarbeiter zu disaggregiert und der andere Mitarbeiter zu abstrahiert und die eigenen Prozesse generisch definiert. Stimmen Sie sich wöchentlich mit dem Team ab, um die jeweiligen Arbeitsergebnisse abgleichen zu können. Eine gute Unterstützung in Bezug auf diese vorlagen-basierte Organisationsentwicklung bietet mein Buch „Template-based Management" (2021), das in verschiedenen Fallstudien das Erstellen von Prozessdokumentationen und damit verbundenen vordefinierten und standardisierten Arbeitsblättern genau beschreibt und mit zahlreichen Illustrationen veranschaulicht.

Fordern Sie die Mitarbeiter auf, die Prozesse gegenseitig quer zu checken und zu überprüfen. Diese Vorgehensweise beschleunigt den Lern- und Entwicklungsprozess. Durch diesen team-internen Abstimmungsprozess werden sicherlich Diskussionen in Bezug auf Schnittstellen und Überlappungen entstehen – und das wollen Sie auch, denn es schärft das Wissen im Team um die jeweiligen Aufgaben und Verantwortlichkeiten.

Nach rund vier Wochen sollte der erste Entwurf der MPL vorliegen. Wenn dieser quergelesen und strukturell konsistent ist, sollten Sie die MPL als „Draft" in einem informellen Gespräch Ihrem Vorgesetzten vorlegen mit der Bitte um Feedback und bzw. oder um sein Okay, die MPL mit der Organisation zu teilen im Sinne der Transparenz und Information. Modernes B2B Marketing kann nur nachhaltig entstehen und sich etablieren, wenn dieser Veränderungsprozess abgestimmt und gemeinsam mit der gesamten Organisation vollzogen wird. Unterschätzen Sie daher nicht die Bedeutung von Kommunikation und

---

[4]https://blog.hubspot.com/marketing/marketing-job-descriptions. Zugegriffen: 16. Mai 2020.

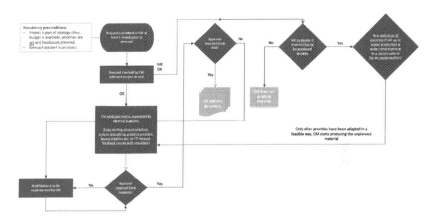

Abb. 3.2 Beispiel eines Marketing Prozesses aus einer Marketing Process Library

Information. Auch wenn es Ihnen nicht wichtig erscheint, so müssen Sie jedenfalls immer und immer wieder neue Dinge, wie zum Beispiel die MPL, in
direkten Gesprächen mit den verschiedenen Abteilungen besprechen. Wenn
Sie von Ihrem Vorgesetzten das Okay haben die MPL mit Organisation zu
besprechen, dann sollte das Dokument immer mit dem Beisatz „ENTWURF" in
großen und dicken Buchstaben zu anfangs verteilt und ausgedruckt werden.

Senden Sie das Dokument den jeweiligen Kollegen rechtzeitig vor den
Besprechungen zu, damit diese Gelegenheit hatten sich die MPL anzusehen.
In 95 % der Fälle wird sich niemand die Mühe machen die MPL im Detail zu
lesen, aber wenn Sie die Unterlage nicht vorab versenden, würde dieser Ein-
wand sicherlich kommen. Nach dem jeweiligen Meeting geben Sie den
Kollegen noch zwei Wochen Zeit für Feedback. Als Regel gilt: Kein Feedback
oder Mail wird als Bestätigung und Freigabe erachtet, weil Sie ansonsten zu
viel Zeit verlieren, auf mögliches Feedback zu warten. Sie müssen den Spieß
umdrehen nach dem Motto, wer nicht will – oder schreibt –, der hat schon
„bestätigt". Dies hilft Ihnen, sollte es einmal zu Diskussionen kommen, da Sie
dann stets auf die Information und Kommunikation verweisen können und dass
alle die Gelegenheit hatten, sich entsprechend einzubringen. Diese Regel gilt
generell für Ihre gesamte Reise zur Industrial Marketing Excellence entlang des
Marketing-Reifegrad-Modells.

Tip: Wenn Sie ein neues Dokument, einen Prozess oder ein neues Konzept
entwickeln, sollten Sie folgende Punkte beachten:

- Machen Sie keine Alleingänge.
- Binden Sie vor Beginn alle relevanten internen Kunden mit ein. Dazu informieren Sie den entsprechenden Teamleiter und ersuchen entweder direkt um die Möglichkeit, dass ein bestimmtes seiner Teammitglieder an dem kleinen Projekt teilnehmen kann. Versuchen Sie, einen kompetenten und verlässlichen Mitarbeiter ins Team zu holen, damit Sie rasch und effektiv vorankommen.
- Dokumentieren Sie den Projektfortgang mit einer sauberen Projektdokumentation in Powerpoint.
- Entscheidungen werden immer schriftlich dokumentiert, sodass Sie im Nachhinein jedenfalls darlegen können, dass alles in Abstimmung sauber entwickelt, angepasst und verabschiedet wurde.

> Wenn es im Unternehmen eine Qualitätszertifizierung gibt, dann kann es sein, dass bereits ein Prozess für Marketing und Kommunikation existiert. Auf diesen sollten Sie jedenfalls referenzieren bzw. diesen um die neuen und angepassten Prozesse anpassen und freigeben lassen. Es kann sein, dass die MPL zu umfangreich für das unternehmenseigene QS-System ist und Sie daher eine abstrahierte aggregierte Version des Hauptprozesses entsprechend in das System einstellen müssen. Erfahrungen haben gezeigt, dass dann jeder einzelne Prozess als ein Kästchen abstrahiert angeführt wird.

Als Referenz gibt es auch fertige Prozessbibliotheken als PDFs oder aber auch als offene Dateien als Vorlagen im Markt zu erwerben. Diese beinhalten Best Practice Prozessmodelle für alle gängigen Marketingaktivitäten und eignen sich hervorragend, um Sie auf die eigenen Bedürfnisse anpassen und sofort veröffentlichen zu können. Die Zeitersparnis ist enorm und kann die Verweildauer auf der ersten Phase des Reifegrad-Modells um zwischen 20 und 40 % verkürzen.

3.1.2   Job Descriptions

Auf Basis der MPL sollten Sie im nächsten Schritt die Positionsbeschreibungen des Marketings analysieren, wenn bereits solche Dokumente vorhanden sind. Wenn Sie noch keine haben, dann kontaktieren Sie Human Resources und ersuchen um eine Vorlage für eine Positionsbeschreibung. Wenn Sie im

Unternehmen keine entsprechende Vorlage auftreiben können, so findet sich einiges wiederum im Internet.[5] Sie müssen das Rad nicht neu erfinden. Unter dem Schlagwort „Job Descriptions Marketing" finden sich nicht nur Vorlagen, sondern auch sogar Entwürfe für verschiedene Positionen.[6] Das alles machen Sie für sich, um sich vorzubereiten, denn als B2B Marketer ist man in den meisten Fällen kein HR-Experte.

Wenn Sie ein kleines Marketing Team haben, so bitten Sie jeden einzelnen Mitarbeiter die jeweils eigene Positionsbeschreibung vor dem Hintergrund der neuen Prozesse durchzugehen und Ihnen Änderungsvorschläge zu unterbreiten. Wenn Sie alle Vorschläge erhalten haben, so bitten Sie wiederum das Team gegenseitig alle angepassten Entwürfe quer zu lesen und Feedback zu geben. Wenn alles im Team akkordiert ist, leiten Sie diese neuen Positionsbeschreibungen an Ihren Ansprechpartner im Personalmanagement weiter mit der Bitte um seine oder ihre geschätzte Expertise. In den meisten Fällen werden Sie auf diese Weise auch noch ein „good Buddy" der Personalabteilung, da sicherlich nicht viele Kollegen durch eine solche Vorgehensweise die Wichtigkeit und Wertschätzung von sauberer operativer Personalarbeit klar zum Ausdruck bringen.

> Tip: Sollten Sie von HR nach zwei Wochen noch kein Feedback erhalten haben, was de facto nicht unüblich ist, so richten Sie nach dieser Frist ein weiteres höfliches Mail an den Bereich mit dem Hinweis, dass wiederum kein Feedback – wie oben schon beschrieben – als das „Okay" seitens des Personalmanagements erachtet werden würde. Dies begründen Sie in entsprechender und gebotener Höflichkeit damit, „dass man sich natürlich der Tatsache bewusst ist, dass HR wichtigere Agenden auf dem Tisch hat, als die Job Descriptions der Marketingabteilung zu prüfen."

Nachdem Sie so oder so den Sanctus von HR erhalten haben, unterfertigen Sie und der jeweilige Mitarbeiter die aktualisierte Job Description und legen diese entsprechend bei sich bzw. auch bei Human Resources ab.

---

[5]https://www.betterteam.com/job-description-template. Zugegriffen: 16. Mai 2020.
[6]https://blog.hubspot.com/marketing/marketing-job-descriptions. Zugegriffen: 16. Mai 2020.

3.1.3   Jahreszielvereinbarungen und Mitarbeiterentwicklungsgespräche

Um nachhaltig erfolgreich zu sein, müssen B2B Marketers aktiv an der eigenen Führungskompetenz arbeiten. Nur mit einem perfekt aufgestellten Marketingteam werden Sie in absehbarer Zeit die fünfte Stufe des Marketing-Reifegrad-Modells erreichen. Führung in Veränderung (Seeberg und Runde 2004) ist ein wichtiger Gradmesser von erfolgreicher Führung. Nur mit Führungsethik und Teamkompetenz (Gust et al. 2004) kann der Paradigmawechsel im Bereich des B2B Marketings realisiert werden. Alle – egal ob als operatives Marketing Teammitglied oder aber als Marketingführungskraft – müssen sowohl an den harten Faktoren wie Prozessen und Strukturen als auch den weichen Hygienefaktoren proaktiv arbeiten. Auf Basis der Prozesse und der aktualisierten Job Descriptions definieren Sie daher sofort für sich und – falls vorhanden – mit Ihren Mitarbeitern auch entsprechende Jahresziele. Diese Jahresziele sollten immer drei Bereiche umfassen:

1. Operative Ziele in Bezug auf den jeweiligen Tätigkeitsbereich
2. Entwicklungsziele in Bezug auf die Marketingabteilung bzw. die jeweiligen Tätigkeitsbereiche
3. Persönliche Entwicklungsziele für die betreffende Person

Wiederum bitten Sie Ihre Mitarbeiter entsprechende Vorschläge auszuarbeiten. Verwenden Sie jedenfalls im Unternehmen vorhandene Vorlagen (Templates) und machen Sie keinen marketingtechnischen Alleingang, denn dieser Schuss geht nach hinten los. Fragen Sie bei HR um entsprechende Vorlagen an. Sollte es nichts geben im Unternehmen, so recherchieren Sie wiederum im Internet.[7] Bitten Sie Ihre Mitarbeiter zu einem einstündigen Mitarbeitergespräch und gehen Sie die Ideen gemeinsam durch. Speziell der zweite Bereich ist entscheidend für die Weiterentwicklung der Abteilung, denn Sie können neue Themen wie zum Beispiel Marketing Automation oder Business Intelligence bereits jetzt „unter dem Radar" an die Kollegen vergeben und auf diese Weise ganz nebenbei Vorarbeiten für die verschiedenen Themen voranbringen. Die engagierten Mitarbeiter freuen sich normalerweise über neue spannende Themen

---

[7]https://www.smartsheet.com/free-employee-performance-review-templates. Zugegriffen: 16. Mai 2020.

und Verantwortungsbereiche, denn in den meisten Fällen werden Marketingmitarbeiter ohnehin nur als verlängerte Werkbank sprichwörtlich mit lästigen Aufgaben „zugemüllt". Nehmen Sie diese Aufgaben ernst und stellen Sie einen halbjährlichen Check der Positionsbeschreibungen und der Zielvereinbarungen sicher. Wenn Sie neue Mitarbeiter dazu bekommen, initiieren Sie zeitnahest diese Schritte im Rahmen des Onboardings und stellen Sie auch sicher, dass sich Neuankömmlinge sofort mit der MPL vertraut machen, denn sie ist das Rückgrat des Marketings und ein ganz essentieller Puzzlestein Ihres Erfolges.

> Tip: Abstimmung, Kommunikation und Information – das sind die drei wichtigsten Aspekte neben den zuvor beschriebenen Strukturelementen. Damit Sie B2B Marketing auf eine neue Ebene heben können, müssen Sie die Organisation mitnehmen. Ebenso wie Marketers keine Ingenieure sind, sind Ingenieure keine Betriebswirtschaftler und noch weniger Marketing Manager. Nutzen Sie jede Gelegenheit, Ihre internen Kunden in kleinen verdaubaren Häppchen über die neuen Errungenschaften im Marketing zu informieren. Das Ziel ist es, Ihren Kunden noch besser zu arbeiten zu können. Indem Sie die Prozesse und Templates dokumentieren möchten Sie transparent und nachvollziehbar sein.

3.1.4 Fakten Check

Wenn Sie eine MPL haben, dann gehören Sie zu den 27,9 % von Unternehmen, die ein solches lebendes Dokument haben, laut der aktuellen Marketing Readiness Studie 2020[8], die der Autor mit dem Verlagshaus Marconomy durchgeführt hat.[9] Nur knapp 10 % der Unternehmen können auf eine saubere und umfassende MPL mit mehr als 50 Seiten verweisen. Der Großteil der Marketingabteilung arbeitet mit einer MPL von weniger als zehn Seiten, was de facto als ein nicht ausreichend solides Fundament erachtet werden muss. Allerdings ist

---

[8]Siehe hierzu auch das Kapitel zum Marketing Readiness Assessment in diesem Essential.

[9]Als Fachmagazin für B2B Marketer deckt marconomy den beruflichen Informationsbedarf von Marketing-, Kommunikations- und Vertriebsverantwortlichen aus Industrie- und Technologieunternehmen. Mit Praxisbeispielen und Leitfäden unterstützt marconomy dabei, die beruflichen Herausforderungen zu meistern und informiert über relevante B2B Marketing Trends.

diese MPL in 74 % der Unternehmen 24/7 für die gesamte Organisation verfügbar, was an sich sehr positiv bewertet werden muss in Bezug auf Transparenz. Das Problem ist aber, dass eben in den meisten Fällen die vorhandene MPL mit weniger als 10 Seiten keinesfalls eine saubere und belastbare prozessuale Arbeitsbasis darstellt, vor allem auch weil nur ein Viertel dieser MPL klare und abgestimmte Durchlauf- und Vorlaufzeiten beinhalten. Dieser Umstand öffnet den internen Kunden Tür und Tor für unpräzise und nicht zeitgerechte Arbeitsaufträge an das Marketing.

Wenn Sie Job Descriptions erfolgreich und stringent installiert haben, dann haben Sie erfolgreich zum Gros Ihrer Kollegen aufgeschlossen, da aktuell rund 42 % für das gesamte Marketing solche Positionsbeschreibungen bereits haben. Allerdings trennt sich die Spreu vom Weizen in Bezug auf die Nutzung dieser so wichtigen Dokumente, denn die Hälfte der B2B Marketers aktualisieren diese Job Descriptions nicht einmal jährlich. Bei der aktuellen Dynamik im Bereich des B2B Marketings und der sich vollziehenden Veränderungen deutet dies darauf hin, dass sich die B2B Marketers anscheinend vom Markt immer mehr abhängen lassen. Dies kann man auch daran erkennen, dass im Internet (fast) keine Stellenausschreibungen bei B2B Unternehmen zu finden sind, die auf die neuen Tätigkeitsfelder im Bereich des B2B Marketings abstellen, wie zum Beispiel Channel Success Manager, Marketing Performance Manager, Campaign Analyst, Predictive Intelligence Manager, MarTech Architect oder MarTech Operations Manager.

3.2   Bidirektionales, reaktives Marketing

Dieser Ausprägungstyp ist gekennzeichnet durch einen sich bereits etablierten Austausch zwischen Marketing und den jeweiligen internen Kunden. Die Realisierung der zuvor dargestellten drei Komponenten führt zu einer zunehmenden Transparenz der Marketingabteilung in Bezug auf Abläufe und deren zeitliche Fristen und Vorläufe. Die Prozess Dokumentation zu den Marketing Aktivitäten verdeutlicht sehr anschaulich, wie Marketing arbeitet und welche Einzelaktivitäten in den gewissen Bereichen realisiert werden müssen. Das führt dazu, dass die technischen Kollegen in den anderen Abteilungen plötzlich verstehen lernen und können, was ihnen bisher wie in einer Blackbox verborgen war. Diesbezüglich trifft die Kollegen auch sicherlich keine Schuld, denn im Rahmen von technischen Ausbildungen und Studien wird in Bezug auf Ökonomie und Marketing nichts oder nur sehr wenig gelehrt. Marketing hat daher die Bringschuld zu erfüllen durch die Erstellung der zuvor genannten Dokumente, den gesamten Bereich des Marketings und den damit verbundenen Aktivitäten transparent und nachvollziehbar zu machen. Dies ist entscheidend, um mit den internen Kunden effizient und effektiv zusammenarbeiten zu können.

Entscheidend für diese Stufe des Reifegradmodells ist es daher, stringent nach den definierten Strukturen zu arbeiten. Als Führungskraft müssen Sie das gesamte Team diesbezüglich unterstützen, wenn Kollegen versuchen diese Strukturen zu unterwandern oder zu ignorieren. Denn nichts ist einfacher als zu spät Anfragen an das Marketing in Ignoranz der definierten zeitlichen Fristen und Vorläufe zu richten und sich dann darüber zu beklagen, dass Marketing nicht pünktlich liefert. Und wie das Amen im Gebet, werden diese Querschläge passieren, denn die Veränderungen im Marketing haben Konsequenzen für die gesamte Organisation. Das Gute daran ist, dass dieser Entwicklungsschritt prognostizierbar ist und stattfinden wird. Wenn Sie also daher diese Querschläger antizipieren, dann sind Sie der Organisation den so wichtigen Schritt voraus, um einen großen Schritt in Richtung der nächsten Stufe im Reifegradmodell zu machen.

Da es immer wichtig ist, guten Willen zu zeigen und die Kollegen zu unterstützen, können Sie in dieser Phase die Erkenntnisse des Ansatzes zu Template-based Management (TBM) von Seebacher (2021) anwenden. Diese Vorlagen strukturieren Informationen, die Sie von internen Kunden benötigen, vor und vereinfachen auf diese Weise die Arbeit der Ihnen zuarbeitenden Kollegen, sei es aus dem Vertrieb, dem Produktmanagement oder aber auch aus dem Bereich Forschung und Entwicklung. Zudem verschlanken diese Vorlagen die Arbeitsprozesse, was wiederum zum Nutzen aller eingebundenen Personen und Abteilungen ist, da man sich unnötige Besprechungen und Erklärungen ersparen kann, weil gute Templates selbsterklärend sind.

3.2.1 Business Intelligence

In dieser Phase sollten Sie sich auch mit dem Thema des Datenmanagements befassen. Idealerweise beginnen Sie damit bereits in der ersten Phase des Reifegradmodells, aber Erfahrungen haben gezeigt, dass in der ersten Phase zumeist das sprichwörtliche „fire fighting" im Sinne des chaotischen Abarbeitens von unpräzisen und zu spät einlangenden Anfragen dazu führt, dass die entsprechenden Kapazitäten für Business Intelligence[10] (BI) noch nicht vorhanden

---

[10]https://en.wikipedia.org/wiki/Business_intelligence. Zugegriffen: 16. Mai 2020.

sind. Spätestens jetzt sollten Sie dieses Thema allerdings auf Ihre Agenda nehmen. Es geht dabei darum, dem Anspruch gerecht zu werden, immer aktuelle und valide Daten für die entsprechenden Bereiche vorhalten zu können. Vor allem geht es um Marktdaten, Kundendaten, Daten zu Wettbewerbern, aber auch zu großen Projekten und Ausschreibungen. Im Sinne der zunehmenden internen Wertschöpfung im Bereich des Marketings muss es Ihr Ziel sein, immer weniger von teuren, extern zugekauften Studien abhängig zu sein, die in den meisten Fällen ohnehin keine validen und belastbaren Daten liefern.

> Realitätscheck: Im Rahmen eines meiner Projekte konnten wir mithilfe des im Unternehmen entwickelten multi-dimensionalen Datenwürfels bereits nach kurzer Zeit Fehler in den Datenmodellen von zugekauften Industriedatenbanken identifizieren. Dies war möglich, da wir mit unseren Algorithmen die Extrapolationsmethodik der Datenbankanbieter ermittelt hatten und mittels Divergenzanalyse entscheidende Rechenfehler in den zugekauften Daten erkannt hatten. Dies war wesentlich, denn die Prognosen für den relevanten Industriebereich waren zu positiv, was die eigene Geschäftsentwicklung der betreffenden Einheit im Unternehmen verfälscht negativ dargestellt hatte.

Ihre Abteilung muss das Datenzentrum sein. Das können Sie nur, wenn Sie langfristig diese Kompetenz im Unternehmen im Marketing aufbauen. Wie dies ohne große Investitionen und ohne externe Dienstleister möglich ist, beschreibt Strohmeier (2021) in einer aktuellen Fallstudie aus der Industrie im B2B Marketing Guidebook (Seebacher 2021) aber auch Seebacher (2021) im Zusammenhang von Template-based Management (TBM) sehr ausführlich.

3.2.2 Marketing Monitoring

Durch die Marketing Process Library (MPL) werden Sie transparent. Sie sollten diese Prozess Datenbank auch zum Beispiel über das Intranet allen Ihre internen Kunden zugänglich machen, und das auch entsprechend immer wieder und intensiv kommunizieren. Transparenz schafft Vertrauen. Noch mehr Vertrauen können Sie gewinnen, wenn Sie Ihren Kunden und Ihrem Vorgesetzten zeigen können, dass Sie stringent entlang der definierten Strukturen arbeiten und darüber hinaus zu 100 % innerhalb oder sogar unter dem Budget arbeiten und immer in Übereinstimmung mit den Zeitvorgaben auf höchstem Niveau abliefern. Als B2B Marketing Top Performer werden Sie mit Ihrem Team oder aber auch alleine laufend das definierte Budget um 10–20 % unterschreiten und das auch entsprechend an den richtigen Stellen positionieren. Sie werden durch die zunehmende Transparenz auch in Bezug auf den Zukauf von Leistungen mindestens zwischen 30 und 40 % der Kosten einsparen können.

Denn das Marketing Monitoring soll und wird es ihnen ermöglichen, nicht nur die eigene Performance in Bezug auf Aktivitäten, Kosten und Conversions zu messen, sondern eben auch die Performance der jeweiligen Zulieferer, wie zum Beispiel Medienpartner. Wenn Sie nämlich sehr effektiv Ihre Reise zur Industrial Marketing Excellence durch das Marketing-Reifegrad-Modell hindurch beschreiten, werden Sie sehr rasch erkennen, dass Sie in Bezug auf Medien-partner in den teilweise sehr spitzen Zielgruppenbereichen wesentlich weiter sind als diese, und sehr rasch über wesentlich bessere und validere Daten und Zahlen zu Conversions von den geschalteten Anzeigen, Bannern und anderen Marketing Maßnahmen auf den jeweiligen Plattformen verfügen werden. Sie werden also in der Lage sein, den Spieß umzudrehen. Sie werden plötzlich der Treiber sein.

Realitätscheck: Mit den entsprechenden Informationen sind Sie perfekt ausgerüstet für zähe Verhandlungen in Bezug auf den Zukauf von Werbe-flächen. Mit der entsprechenden Erfahrung haben Top B2B Marketers Ein-sparungen im Einkauf von Medien von bis zu 60 % Rabatten realisiert, und zwar mithilfe und auf Basis der in diesem Marketing Essential beschriebenen Methode bzw. Vorgehensweise und den damit verbundenen Werkzeugen und Tools.

Einmal mehr sei an dieser Stelle erwähnt, dass auch für das Marketing Monitoring keine Investments und keine eigenen IT Lösungen notwendig sind. Viel wichtiger ist es, sich im Team gemeinsam Gedanken zu machen, welche Daten wie und wo, in Bezug auf ein umfassendes und stetig wachsendes Marketing Monitoring, generiert und dokumentiert werden können. Begehen Sie nicht den Fehler, bei Ihrem Vorgesetzten auf die Idee zu kommen, um Mittel oder Ressourcen für die Etablierung des Marketing Monitorings anzusuchen. Veränderung beginnt immer bei einem selbst mit den eigenen Hausaufgaben. Das bedeutet in diesem Zusammenhang, dass Sie das Marketing Monitoring im Kleinen beginnen zu strukturieren und zu konzipieren, dies mit vorhandenen Instrumenten wie zum Beispiel Microsoft Excel erstmals abbilden und die Daten intern validieren und optimieren, und erst zum Schluss dann diese gewonnenen

Position	Web Sessions	Bounce Rate	Pages/Session	Avg. Session Duration
	-	-	-	-
	24	33%	3,35	00:04:26
	1	0%	2	00:00:27
	-	-	-	-
	169	71%	2,24	00:02:15
	28	66%	1,77	00:01:04
	39	27%	5,75	00:04:25
	-	-	-	-
	17	70%	2	00:01:02
	20	59%	3	00:02:53
	63	30%	4,15	00:04:30
	3	60%	1,4	00:00:23
	312	31%	3,69	00:03:06
	448	28%	4,23	00:04:55
	125	18%	4,22	00:01:55
	Google Analytics Benchmarks			
Benchmark 1 - Referral Traffic	4496	43%	3,13	00:02:44
Benchmark 2 - All Traffic	47064	38%	3,65	00:03:33
Benchmark 3 - Google Analytic	-	53%	3,01	00:002:57

Abb. 3.3 Beispiel für ein Online Performance Tableau

Informationen bei entsprechender Gelegenheit in Ihrer Organisation positionieren und streuen.

Tip: Sobald Sie die MPL etabliert haben, setzen Sie ein kleines Reporting mithilfe von Google Analytics[11] auf. Sollten Sie damit noch keine Erfahrungen haben, so finden sich im Internet unzählige, frei zugängliche Video Tutorials. Je früher Sie damit beginnen, umso rascher können Sie die nicht performanten Medienpartner entlarven. Tracken Sie die verschiedenen Quellen, von denen aus Besucher auf Ihre Webseite kommen. Erstellen Sie ein kleines Excel Tableau, um die Conversions der Medienpartner in Vergleich zu setzen aber auch deren Performance Entwicklung. Dieses Tableau aktualisieren Sie alle sechs Monate. Lassen Sie sich nicht mehr von bunten Mediaplänen blenden, sondern sprechen Sie Ihren Medienpartner bzw. den Verkäufer auf den viel zu hohen Tausender Kontaktpreis (TKP)[12] und die schlechte Performance seines Mediums an. Zeigen Sie ihm oder ihr aber keinesfalls Ihr internes Performance Excel Tableau! (Abb. 3.3)

---

[11]https://analytics.google.com/analytics/web/provision/#/provision. Zugegriffen: 19. Mai 2020.

[12]https://de.wikipedia.org/wiki/Tausend-Kontakt-Preis. Zugegriffen: 19. Mai 2020.

3.2.3 Marketing Accessibility

Der dritte entscheidende Bereich in dieser Phase ist die kompromisslose Erreichbarkeit für Ihre internen Kunden. Seien Sie proaktiv und zeigen Sie Präsenz. Positionieren Sie Marketing als zuverlässigen Partner. Positionieren Sie Ihre Abteilung und Ihr Team als verlässlichen und gut aufgestellten Wegbegleiter, den man sehr gerne bereits frühzeitig in neue Projekte einbindet, da man stets von einem wohl durchdachten und validen Input ausgeht. Eine solche Veränderung der Wahrnehmung vollzieht sich nicht von heute auf morgen, sondern langsam, dafür aber stetig. Drehen Sie den Spieß um. In den meisten Organisationen wird versucht, Arbeit von sich selbst weg zu schieben und die Schuld stets bei anderen zu suchen.

Nehmen Sie valide Kritik sehr ernst. Mithilfe der zuvor dargestellten Werkzeuge und Tricks wird es Ihnen leicht fallen zu erkennen, wo und weshalb Fehler passiert sind. Sollten Sie erkennen, dass Marketing dafür verantwortlich ist, so gehen Sie in Reflexion und überarbeiten die entsprechenden Prozesse, zeitlichen Fristen oder Templates. Entscheidend ist, Fehler methodisch und strukturell zu analysieren, entsprechende Maßnahmen zur Optimierung zu definieren und umsetzen zu können. Allerdings müssen Sie sich und Ihr Team auch vor pauschalierten, nicht substanziierten Schuldzuweisungen schützen. Stellen Sie sich vor Ihr Team wie eine Mauer und fallen Sie nicht im Liegen um, wie so oft und viele schwache Führungskräfte. Top Performance ist nur möglich, wenn Sie im Marketing gemeinsam, abgestimmt und vertrauensvoll an einem Strang ziehen, denn dann prallen Querschläger ab und das Marketing bleibt unbeschadet.

3.2.4 Fakten Check

Aktuell haben laut der Marketing Readiness Studie 2020[13] die Hälfte der B2B Marketers keine Hoheit über Market und Business Intelligence (MI/BI) und ein Drittel der Befragten weiß nicht einmal wo in den Unternehmen dieses so wichtige Thema angesiedelt ist. Interessant ist aber die Tatsache, dass 75 % der B2B Marketers angeben, mindestens einmal pro Monat von jemandem aus der

---

[13]Studiendesign und -auswertung Uwe Seebacher und Durchführung durch Marconomy, Würzburg.

Organisation zum Thema MI/BI bzw. zu Daten angefragt zu werden. In 28 % der Fälle ist das Thema im Vertrieb angesiedelt und bei zwei Drittel der Unternehmen weder im Sales noch im Marketing. Allerdings geben 50 % der B2B Marketers an für das Thema Strategie verantwortlich zu sein und immerhin 34 % der Marketers werden zumindest einmal monatlich, 19,8 % einmal pro Woche und 12,6 % sogar mehrmals pro Woche zu strategischen Themen angefragt – und das ohne die Hoheit über MI/BI zu haben, was fatal ist, wenn man nicht weiß, wie Daten zustande kommen und wie valide diese sind. Möchten Sie ein Pferd reiten, das ein anderer trainiert hat und das Sie nicht kennen? Oder möchten Sie ein Produkt verkaufen, das Sie nicht kennen? Viele B2B Marketers reiten hier ein heißes Pferd, indem Sie MI/BI Daten für unternehmensrelevante strategische Fragestellungen heranziehen und dabei zum Großteil (50 %) nicht einmal wissen, wer diese Informationen in der Organisation bereitstellt.

Aber es existiert anscheinend noch ein weiterer „Hot Spot" im Bereich Business Development, das bei zwei Drittel der Unternehmen nicht im Marketing liegt und sogar bei 60 % der Unternehmen auch nicht im Vertrieb selbst, sondern in einer anderen Abteilung. Trotz dieses Umstandes werden die B2B Marketers in 42 % der Fälle zumindest einmal pro Monat, 14,5 % einmal pro Woche und ebenso viele auch mehrmals pro Woche zu Aspekten und der Unterstützung des Business Development kontaktiert – und dass obwohl sie weder die Hoheit über die Daten (MI/BI) noch über das Themenfeld des Business Development haben.

Zusammenfassend kann man festhalten, B2B Marketing wird zu den richtigen Dingen und Themen angefragt, hat aber weder die Verantwortung noch die Hoheit über die dafür zuständigen Infrastrukturen oder Prozesse. Oder aber Marketing wird mit Arbeiten zugeschüttet, die niemand anderer durchführen kann oder möchte. Der Verlierer ist das Marketing und auf lange Sicht das Unternehmen selbst.

3.3   Interaktives Marketing

Interaktives Marketing bedeutet ein Marketing, das in ständigem Austausch auf Augenhöhe mit den entsprechenden internen Kunden steht. Die Kommunikation vollzieht sich in beide Richtungen, und Marketing geht auch bereits proaktiv auf die jeweiligen Kundengruppen zu. Der Hauptteil der Kommunikation vollzieht sich naturgemäß mit dem Vertrieb beziehungsweise dem operativen Verkauf. Rund 60 % der Kommunikation passiert mit dem Vertrieb. Die verbleibenden 40 % teilen sich zwischen Produkt Marketing, sofern dies nicht ohnehin im Marketing angesiedelt ist, und den Bereichen der Technologie wie zum Beispiel

Forschung und Entwicklung und Innovationsmanagement auf. Auf dieser Stufe des Reifegradmodells zum Marketing ist die Einbindung des Marketings bereits als natürlich empfunden. Marketing setzt aber auch bereits laufend neue Impulse, um das Potenzial von modernem Industriegüter Marketing Schritt für Schritt und mehr und mehr für das Unternehmen nutzbar zu machen.

3.3.1 Marketing Automation

Um noch mehr Zeit für die Weiterentwicklung des Marketings, aber auch die erforderliche interne konzeptionelle und kreative Arbeit zu gewinnen, ist es nunmehr entscheidend auf die Automatisierung von sich wiederholenden Abläufen und Tätigkeiten zu setzen. Das bedeutet, dass Sie sich mit dem Thema der Marketing Automation[14] befassen sollten. Es geht hier prioritär um eine strategische Entscheidung (Mrohs 2021) hinsichtlich der zukünftigen Infrastruktur der Marketing Technologie. Bevor Sie in diesem Zusammenhang an IT herantreten, sollten Sie sich im Marketing zuvor ein klares Bild gemacht haben, was für Sie sinnvoll erscheint. Ausgangspunkte für ein solches klares Bild einer zukünftigen MarTech Struktur sind jedenfalls ein im Unternehmen vorhandenes Enterprise Resource Planning (ERP) als auch Customer Relationship Management (CRM) System, wie dies der international anerkannte IT-Veteran Peter O´Neill[15] im B2B-Marketing-Podcast darstellt.[16] Denn auf lange Sicht sind diese beiden Systeme die relevanten Quellen für Informationen zu Kunden und Kunden-Interaktionen, aber auch Transaktionen im Sinne von Bestellungen und ausgelieferten Waren.

In Bezug auf dieses Thema Marketing Automation (Klaus 2021) werden Sie naturgemäß intensiv mit dem IT Bereich zusammenarbeiten. Entscheidend ist, dass Sie im Rahmen von Vorbereitungen von Anschaffungen oder Lizenzierung von MarTech Lösungen, nur sauber und präzise vorbereitete Analysen zu möglichen Produkten, aber auch damit einhergehende Wirtschaftlichkeitsbetrachtungen an die IT abliefern. Nutzen Sie diese Gelegenheit, sich auch bei IT als sauber strukturierten und verlässlichen Partner zu positionieren. Je weiter

---

[14]https://en.wikipedia.org/wiki/Marketing_automation. Zugegriffen: 16. Mai 2020.

[15]http://marchnata.eu/. Zugegriffen: 16. Mai 2020.

[16]https://podcasts.apple.com/at/podcast/martech-8000-how-to-survive-in-jurassic-parc-dazzling/id1511875534?i=1000474606807. Zugegriffen: 16. Mai 2020.

Sie im Reifegradmodell zum Industriegüter Marketing voranschreiten, umso mehr wird Ihre Arbeit von und mit MarTech (Seebacher 2021) geprägt sein. Systemtechnisch liegt diesbezüglich ganz klar die Hoheit im IT Bereich, aber die inhaltliche Verantwortung muss bei Ihnen liegen, weshalb Sie ein äußerst enges und gutes Einvernehmen mit Ihren IT Kollegen haben müssen. Im Internet gibt es viele verschiedene gute Quellen, um in diesem immer wichtiger werdenden Bereich MarTech auf dem Laufenden zu bleiben wie zum Beispiel:

- https://www.the-cma.org/about/blog/learning-martech
- https://martechtoday.com/library/what-is-martech
- https://www.dummies.com/business/marketing/building-martech-stack/
- https://www.reputation.com/de/resources/blog/building-a-martech-stack/

3.3.2 Change Management

Wie eingangs erwähnt, geht die eigene Entwicklung entlang des Marketing-Reifegrad-Modells auch eng einher mit einem Paradigmawechsel der gesamten Organisation. Als moderner B2B Manager müssen Sie sich daher auch der Rolle des Veränderungsmanagers bewusst sein und die Mechanismen in diesem Zusammenhang kennen. Ihr gesamtes Agieren wird immer auch ein Change Management[17] sein. Ihr Ziel muss es sein, sich stets die paktfähigen Kollegen in der jeweiligen Abteilung zu suchen, um den nächsten Schritt entlang des Veränderungs-prozesses ohne großen Widerstand zu gehen. Solche Kollegen sind Personen, die ein entsprechendes Standing haben und in den meisten Fällen auch jene Kollegen, die kompetent sind. Führen Sie sich daher immer vor Augen, dass

- 20 % von Mitarbeitern Ihrer Organisation immer offen sind für Veränderungen,
- 60 % einer Veränderung neutral gegenüberstehen und sich mit entsprechenden Argumenten für eine Veränderung gewinnen lassen,
- aber die restlichen 20 % prinzipielle Verweigerer von Veränderungen sind und daher für Sie nur gefährlich sind und Zeit kosten.

Ein weiterer wichtiger Faktor, den es zu berücksichtigen gilt, ist das Prinzip „Walk the Talk". Als erfolgreicher B2B-Marketing-Manager möchten Sie auf

---

[17]https://en.wikipedia.org/wiki/Change_management. Zugegriffen: 16. Mai 2020.

Augenhöhe mit den anderen Kollegen zusammenarbeiten. Das bedeutet aber auch, dass Sie, wie all Ihre anderen Kollegen in Bezug auf deren Tätigkeiten messbar sind, auch selbst messbar sein müssen, nicht nur qualitativ an bunten Bildern, sondern auch quantitativ. Darüber hinaus muss es Ihr Ziel sein, jegliches, sich bietende Einsparungspotenzial zu realisieren. Das bedeutet, sich von dem stetigen Bestreben das einmal eingeräumte Marketing Budget bis auf den letzten Cent auszugeben – in der Angst, dass ansonsten das nächstjährige Budget entsprechend um den nicht genutzten Teil geringer ausfallen würde – endgültig zu verabschieden.

Sowohl in Bezug auf Kostenbewusstsein aber auch in Bezug auf Leistungsorientierung und Führungskompetenz (Seebacher und Klaus 2004) müssen Sie authentisch und souverän auftreten. Gute Führungskräfte bringen das Feuer bei ihren Mitarbeitern für die Sache innerlich zum Brennen, wohingegen Manager ihren Mitarbeitern sprichwörtlich das Feuer unter dem Allerwertesten anzünden. Gehen Sie als gutes authentisches Beispiel, das Fehler eingestehen kann und akzeptiert, voran, und zeigen Sie wie modernes B2B Marketing souverän, zielorientiert und proaktiv mit einem ausgeprägten Kostenbewusstsein zum nachhaltigen Unternehmenserfolg beiträgt.

In dieser Phase wird sich der Einflussbereich des Marketings maßgeblich erweitern. Sie müssen von sich aus Zeit für ein laufendes Reflektieren der Situation in Bezug auf die geänderte Wahrnehmung des Marketings in der Organisation einplanen. Versuchen Sie, mögliche Krisenherde frühzeitig zu erkennen, aber auch inkompetente Schaumschläger ebenso wie Zeitfresser in der Organisation zu identifizieren. Sie müssen sich und Ihr Team vor diesen Kollegen kompromisslos schützen. Denn je mehr das neue B2B Marketing greift, umso mehr werden Sie es mit Trittbrettfahren zu tun bekommen, die sich Ihre strukturierte Arbeitsweise zunutze machen wollen. Sie werden versuchen, eigene Aufgaben auf das Marketing abzuladen, um sich dann mit den fremden Ergebnissen selbst schmücken zu können.

Tip: Ein sehr einfaches Rezept für das Erkennen solcher Zeitfresser und Schaumschläger ist zum Beispiel:

- Immer, wenn Sie einen Kollegen auf dem Gang treffen, hat dieser oder diese anscheinend unendlich viel Zeit für Smalltalk, auch wenn „gleich ein immens wichtiges Meeting wartet".

- In Gesprächen liegt die Redezeit des Kollegen bei zwischen 70 und 80 % und auf das von Ihnen Gesagte wird kein Bezug genommen.
- Wenn Termine ausgeschrieben werden, dann fehlt meistens eine klare Agenda oder eine klare Zielsetzung.
- Wenn Sie mit solchen Kollegen fünf Stunden sprechen bzw. ein einstündiges Meeting auf fünf Stunden unnötig ausgedehnt wird, und Sie nicht wissen, worüber eigentlich gesprochen wurde.

3.3.3 Predictive Intelligence

Ganz oben auf Ihrer Agenda muss in dieser Phase auch die Weiterentwicklung der Business Intelligence hin zu Predictive Intelligence[18] stehen. Wiederum ist hier kein Investment oder eine Lösung eines externen Anbieters notwendig. Viele verschiedene Fallstudien haben gezeigt, dass, wenn man entlang dieses in diesem Buch dargestellten Vorgehensmodells arbeitet, ein schrittweiser Wissensaufbau wesentlich effizienter und effektiver vollzogen werden kann, ohne dabei eine externe Lösung teuer zukaufen zu müssen. Woran Sie erkennen können, dass Sie auch mit diesem Themengebiet in der Organisation reüssieren, ist die stetige Zunahme an Anfragen in Bezug auf Analysen und Recherchen. Zudem sollten die Bearbeitungszeiten pro Anfrage sich kontinuierlich verkürzen. Vergessen Sie nicht, die Anfragen zu dokumentieren im Sinne des Marketing Monitorings mit Eingangsdatum, Bearbeitungsdauer, Ausspielungsdatum an den internen Kunden und auch dem abgefragten Feedback in Bezug auf prozessuale als auch inhaltliche Kriterien. Dieses Feedback muss automatisch standardmäßig direkt bei Ablieferung des jeweiligen Ergebnisses schriftlich eingeholt werden.

Tip: Wenn Sie sich fragen, warum ein solches Monitoring im Sinne des laufenden Feedback Checks gemacht werden soll, dann stellen Sie sich den Worst Case vor: Ihr Chef stellt den Ankauf von Datenbanken und das gesamte Thema MI/BI infrage. Wenn Sie nunmehr belegen können, dass

---

[18]https://www.marconomy.de/marketing-der-zukunft-kennen-sie-schon-predictive-intelligence-a-920935/. Zugegriffen: 16. Mai 2020.

die Anzahl an Anfragen kontinuierlich steigt, die Zeit für die Beantwortung immer kürzer wird und zudem auch noch das Feedback der Kollegen aus Produkt Management oder dem Vertrieb einhellig sehr positiv ausfällt, dann sollte sich jegliche weitere Diskussion erübrigt haben. Und wenn Sie dann auch noch dieses Feedback innerhalb von nur wenigen Minuten per Mail auf vier PowerPoint Folien (Seite 1: Deckblatt, Seite 2: Zahlenmäßige Entwicklung der Anfragen, Seite 3: Übersicht des Rückgangs der durchschnittlichen Bearbeitungszeit bzw. des Zeitraums von dem Einlangen der Anfrage bis zur Übermittlung der Auswertung, Seite 4: Screenshots der verschiedenen Feedbacks) aufbereitet an Ihren Vorgesetzten übermitteln können, weil Sie alles laufend und mit wenig Aufwand mitdokumentieren, dann erhöht sich die Wirkung der inhaltlichen Aussage um ein Vielfaches, da offensichtlich wird, dass Sie Ihren Laden im Griff haben.

Ein weiterer wichtiger Schritt ist das zur Verfügung stellen von Intelligence Dashboards[19] über ein vorhandenes weltweit 24/7 zugängliches Intranet. Auf diese Weise können Informationssuchende innerhalb der Organisation, unabhängig von Ihnen, auf die jeweils aktuellen Daten zugreifen. Das minimiert Ihren Arbeitsaufwand, da Sie bzw. Ihr Mitarbeiter nicht mehr für jede Anfrage einen Bericht oder eine Studie erstellen müssen. Auch diesbezüglich können Sie die Organisation weiterentwickeln, an das Marketing nur mehr mit speziellen und spezifischen, komplexeren Rechercheaufträgen heranzutreten und alle anderen Anfragen und Recherchen von relevanten Marktdaten selbst direkt über das Intelligence Dashboard vorzunehmen.

3.3.4 Fakten Check

Aus der aktuellen Marketing Readiness Studie geht hervor, dass nur 17 % der B2B-Marketing-Abteilungen klar definierte Key Performance Indikatoren (KPI)

---

[19]https://www.google.com/search?sxsrf=ALeKk02tkWIQ9S2at2ULHGVD22Oawz2Ypw: 1589631182002&source=univ&tbm=isch&q=intelligence+dashboards&client=firefox-b-d&sa=X&ved=2ahUKEwje7LTPrbjpAhXRi6QKHagMAPoQsAR6BAgKEAE&biw=1920&bih=903. Zugegriffen: 16. Mai 2020.

haben oder nutzen. Das bedeutet, dass rund 80 % der Marketers im Industrie-güterbereich nicht stichhaltig deren Performance und Zielerfüllung belegen können. Wie soll eine Abteilung, die nicht nachweislich die eigenen Ziele erfüllt, nachhaltig zum Unternehmenserfolg beitragen können? Ganz einfach, indem die Kosten für diese Abteilung minimiert werden, weil Kosten durch die fehlende Messbarkeit zur einzigen greifbaren Zielgröße werden. Vor diesem Hintergrund wird auch klar, warum Marketing immer der Spielball der anderen Abteilungen ist und bleibt, wenn sich das nicht ändert.

Das bestätigt auch die Tatsache, dass nur 23,7 % der B2B Marketers angeben, die definierten Ziele auch zu erreichen. 10 % aller Marketers wissen das nicht einmal! 54 % der Marketing Abteilungen im Industriebereich haben bis heute noch keine KPIs in Bezug auf Order Intake oder Sales. Nur rund ein Drittel hat bereits solche umsatzorientierten Ziele und 11,4 % tappen völlig im Dunkeln und wissen das nicht einmal. Allerdings hätten die B2B Marketers alle Trümpfe in der Hand, denn 60 % der B2B Marketers sind regelmäßig in den Management Meetings vertreten und könnten dort somit über die Arbeiten und Entwicklungen der Abteilung informieren und berichten. Gebrauch machen davon leider nicht einmal die Hälfte der Marketing Manager, nämlich nur 44 %. Der Ball liegt somit bei den B2B Marketers, die sich aus der eigenen Situation befreien könnten, denn es könnte kein besseres Umfeld geben als das jetzige.

3.4 Proaktives Analytisches Marketing

Das Marketing ist mittlerweile als wertschöpfende Abteilung etabliert und hat sich vom Image der Broschüren produzierenden und Veranstaltungen organisierenden Abteilung verabschiedet. Jeden Tag warten immer neue spannende Tätigkeiten. Ein klassisches „fire fighting" wird nur mehr in den seltensten Fällen vorkommen. Im Gegenteil ist man als B2B Marketer nun-mehr Herr der Lage und kann proaktiv nicht nur das Marketing, sondern auch das gesamte Unternehmen weiterentwickeln und mitgestalten. Vom Marketing ausgehend werden immer mehr interessante Impulse in die Organisation gesetzt, um immer besser und intensiver das immense Potenzial von B2B Marketing, Big Data, 360° Customer Intelligence bis hin zu Marketing Orchestration und Predictive Intelligence auszuschöpfen. Aus den anfänglichen Recherchen zu Marktentwicklungen, Statistiken und Wettbewerberdaten sind mittlerweile Wirtschaftlichkeitsbetrachtungen für neue Produkte, neue Regionen oder Märkte entstanden, oder eben auch die Konzeption von kurzfristiger Optimierung des Net Working Capitals (NWC) oder ähnliches.

Marketing ist mittlerweile aktiv in die unternehmerische und strategische Gestaltung[20] eingebunden, wie dies Alex Cairns (2021) mit seinem innovativen B2B-Marketing-Strategy-Modell unterstützt[21]. Immer enger ist Marketing im Rahmen des Performance Marketings (Bauer et al. 2016) mit der laufenden transparenten Analyse von externen und internen Entwicklungen beschäftigt. Die Marketingabteilung entwickelt die so wichtige Organizational Intelligence[22]. Aus der Business Intelligence mit ihren Markt-, Wirtschafts- und geopolitischen Daten, den Wettbewerbs-, Projekt- und Kundeninformationen entsteht in Konvergenz mit den unternehmenseigenen Daten diese völlig neue Form der Intelligenz. Aus all diesen Daten entsteht ein 360° Blick, um Kampagnen ex ante bereits optimiert konzipieren und aufsetzen zu können. Mehr und mehr treibt Marketing die gesamte Organisation im positiven Sinn vor sich her und trägt maßgeblich messbar zum Unternehmenserfolg bei. Das eigene Handeln wird anhand des Marketing Return-on-Investments (MRoI) (Seebacher und Guepner 2011) gemessen und laufend weiter optimiert. Mit zunehmender Datenmenge werden gleichzeitig die Datenqualität und die darauf aufbauenden Vorhersagen laufend optimiert. Parallel dazu entwickelt sich die Kompetenz im Bereich des Marketings weiter, sodass das Themenfeld der Unterstützung aus dem Marketing immer größer wird. Marketing wird zu einem internen Berater, und Marketing Mitarbeiter sind bekannt für deren analytische und methodische Kompetenz (Seebacher 2003).

> Tip: Die vierte Stufe des Reifegradmodells ist somit durch ein stringentes Fortsetzen der Aktivitäten und das Anwenden der Arbeitsweisen der vorangegangenen Phasen charakterisiert. Es ist darauf zu achten, dass die Arbeitsvorbereitung immer auf einem grundlegenden Modell in Bezug

---

[20]https://anchor.fm/dashboard/episode/ee3a1l. Zugegriffen: 16. Mai 2020.

[21]https://open.spotify.com/episode/5Nmmqf5lxNTQeZ9dfk8w8D. Zugegriffen: 19. Mai 2020.

[22]https://en.wikipedia.org/wiki/Organizational_intelligence. Zugegriffen: 16. Mai 2020.

auf Analytik und Methode basiert. Struktur, Methodik, Konsistenz und Stringenz gehören ebenso zu den Erfolgsfaktoren wie Kommunikation, Information und Transparenz.

3.5 Predictive Profit Marketing (PPM)

Das Erreichen der letzten Stufe wird sich höchstwahrscheinlich unbewusst vollziehen, denn es ist das Ergebnis eines langen kompromisslosen Weges. Nicht nur das Marketing, sondern die gesamte Unternehmung haben sich verändert. Marketing ist zu einem geschätzten, internen Dienstleister aufgestiegen, der in allen relevanten Management Meetings aber auch bei neuen Projekten und Initiativen von Beginn an eingebunden ist. Grund dafür ist, dass aufgrund des enormen Daten Pools im Marketing, geplante Maßnahmen sehr genau in Bezug auf deren Potenziale im Sinne von Umsätzen, Risiken aber auch erforderlichen Investments analysiert und evaluiert werden können. Es kann und soll nicht die Aufgabe von erstklassigen Ingenieuren sein, diese grundsätzlichen und grundlegenden analytisch-ökonomischen Tätigkeiten durchführen zu müssen. Um diesem Anspruch gerecht zu werden, ist das Durchlaufen der fünf Stufen des hier beschriebenen Marketing-Reifegrad-Modells erforderlich, denn solche Kompetenzen bedürfen eines komplexen Lernprozesses, der wiederum nur inkremental vollzogen werden kann.

Predictive Profit Marketing (PPM) (Seebacher 2021) bezeichnet somit ein vorausschauend-analytisch getriebenes Umsatzmarketing, dessen Ziel es ist, alles an und in potenziellen und generierten Umsätzen messbar zu machen und zu messen. PPM stellt sicher, dass intern und extern alle relevanten Daten erfasst, abgelegt, konvergent innerhalb der etablierten MarTech Infrastruktur verarbeitet und verwendbar zur Verfügung gestellt werden. Marketing hat somit die Kompetenz entwickelt, die vielen verschiedenen Dimensionen und Quellen von Daten zu analysieren und zu evaluieren, um mithilfe dieser Daten belastbare operative aber auch strategische Entscheidungen für einen Geschäftsbereich oder eine gesamte Unternehmung auf- und vorbereiten zu können.

3.6 Zusammenfassung

In diesem Artikel haben wir die fünf Phasen des Marketing-Reifegrad-Modells beschrieben. Dieses Modell basiert auf dem anerkannten wissenschaftlichen Modell zu organisationalem Lernen von Argyris und Schön (1978) und wurde von Seebacher (2021) entwickelt. Next Generation B2B Marketing in der Netxflix-Industrie kann nur dadurch erreicht werden, indem sich eine Marketing-organisation eines Unternehmens entlang dieses Modells sequenziell durch diese fünf Reifegrade hindurch entwickelt, um langfristig nicht nur die erforderlichen Kompetenzen aber auch die Authentizität und Souveränität in der Marketing Organisation zu etablieren.

Das Marketing Readiness Assessment (MRA) – Der Quick-Check für den Start

Im Folgenden wird das Marketing Readiness Assessment (MRA) nach Seebacher (2021) dargestellt, anhand dessen Sie innerhalb kurzer Zeit für die eigene Marketing Abteilung erkennen können, in welcher Phase des in diesem Buch dargestellten Marketing-Reifegrad-Modells sich diese befindet. Darauf aufbauend beziehungsweise mit dieser Information können Sie dann einschätzen, womit Sie beginnen müssen. Gehen Sie daher im nächsten Schritt die einzelnen Fragen des MRA durch und kreuzen Sie die für Sie jeweils zutreffende Antwort an. Am Ende dieses Kapitels finden Sie die entsprechenden Punkte pro Antwortmöglichkeit, die Sie wiederum in die Spalte neben Ihrer Antwort eintragen. Durch das Aufsummieren können Sie dann die jeweilige Performance in den verschiedenen Themenbereichen des MRA auswerten und den gesamten MRA Score für die betreffende Marketingorganisation ermitteln.

Diese Werte können Sie dann in die vorgefertigte Marketing Readiness Matrix eintragen, in der wir den Stand der MRA-Studie aus dem Mai 2020, die von Marconomy[1] und dem Autor durchgeführt wurde, bereits eingetragen haben. Wenn Sie Ihre Werte für die einzelnen Bereiche eingetragen haben, erkennen Sie sofort, wo Sie im Vergleich zu den anderen B2B Unternehmen stehen. Das MRA evaluiert folgende vier Strukturbereiche von Marketingorganisationen.

---

[1]https://www.marconomy.de/welchen-entwicklungsstand-hat-ihr-marketing-a-927719/. Zugegriffen: 16. Mai 2020.

U. G. Seebacher, *B2B-Marketing,* essentials, https://doi.org/10.1007/978-3-658-30971-8_4

4.1   Die vier Bereiche des MRA

Bevor Sie das MRA beginnen, werden im Folgenden kurz die vier wesentlichen Strukturdimensionen beschrieben, anhand derer der aktuelle Status im Sinne des Reifegrades einer B2B-Marketing-Organisation evaluiert werden kann.

4.1.1   Marketing Struktur

Der Marketing-Struktur-Index zeigt die wesentlichen Grundlagen für ein effektives und erfolgreiches Wachstum im Marketing auf. Wenn der Wert niedrig ist, sollten Sie dringend an Ihrer strukturellen Basis arbeiten. Er ist die Basis für erfolgreiches Marketing! Der Index beleuchtet Ihre „Marketing-Prozessbibliothek", d. h. die Dokumentation Ihrer Marketing-Prozessschritte, und prüft, ob und wie klar „Rollen und Verantwortlichkeiten" definiert sind. Er zeigt Ihnen, welche grundlegenden Strukturelemente vorhanden sind und ob diese im Unternehmen transparent kommuniziert werden.

4.1.2   Marketing Relevanz

Dieser Index bewertet die drei Kernelemente „Dataness", „Strategicness" und „Go-to-Marketness". Er spiegelt den Grad der Kompetenz und Reichweite innerhalb der Organisation wieder. Je höher Ihre Punktzahl in Bezug auf die Marketingrelevanz ist, desto wahrscheinlicher ist es, dass Sie und Ihre Abteilung Wachstum und Entwicklung meistern werden.

4.1.3   Marketing Performance

Der dritte Index bewertet die Marketingorganisation im Hinblick auf ihre Leistung, Transparenz und ihren Fokus auf die immer wichtiger werdende Vertriebsabteilung. Die „Marketing-Performabilität" wird mit klaren Abteilungszielen und verknüpften Zielen und Leistungsindikatoren definiert. Die Bewertung „Marketing-Transparenz" zeigt, wie transparent das Agenda Setting des Marketings für die gesamte Organisation ist. Die Bewertung „Marketing- und Vertriebsausrichtung" konzentriert sich auf die Fähigkeit, neben dem Marketing auch spezifische Anforderungen an den Vertrieb zu definieren, aber auch konkrete

Ergebnisse wie die Generierung von durch Marketing und Vertrieb qualifizierten Leads sowie generierte Umsätze und Auftragseingänge auszuweisen.

4.1.4 Marketing-Positionierung

Dieser Index bewertet, wie gut das Marketing mit dem Top-Management verbunden ist. Diese Verbindung ist unerlässlich, um sicherzustellen, dass das Marketing als relevanter Partner für das gesamte Unternehmen positioniert ist und letztlich Veränderungen vorantreibt.

4.1.5 Jetzt geht es los!

Auf der folgenden Seite finden Sie die 30 Fragen zum MRA (Tab. 4.1). Gehen Sie jede Frage einzeln durch und markieren Sie in einer der vier Antwortspalten die entsprechend für Sie zutreffende Antwortmöglichkeit. Die ganz rechte Spalte bleibt vorerst leer. Wenn Sie alle 30 Fragen beantwortet haben, gehen Sie auf die nächste Seite und finden dort das Antwortraster und die entsprechende Punktzahl für jede Antwortmöglichkeit. Tragen Sie für jede Frage die Ihrer Antwort zugeordnete Punktezahl ein. Führen Sie dies für alle 30 Fragen durch. In weiterer Folge können Sie dann für jeden der vier untersuchten Strukturbereiche einer Marketingorganisation des MRA durch Aufsummieren der relevanten Punkte pro Frage ermitteln. Folgen Sie dazu der Anleitung auf den nachfolgenden Seiten.

Die folgende Tabelle (Tab. 4.2) zeigt für jede Antwort die entsprechende Punktzahl. Übertragen Sie die jeweilige Punktzahl in die Zeile zu jeder Frage in der ganz rechten, noch leeren Spalte in Tab. 4.1.

Wenn Sie nunmehr alle Punkte jeder Frage haben, können Sie die Werte für die einzelnen Bereiche des MRA und somit Ihren Ausgangspunkt ermitteln.

Der Wert für den ersten Quadranten des MRA bezieht sich auf die grundlegenden Marketing Strukturelemente. Der Wert für die „Marketing Process Library" errechnet sich aus der Summe der Fragen 1 bis 6. Der maximal zu erreichende Wert liegt bei 14 Punkten. Der Wert für „Roles und Responsibilities" errechnet sich aus der Summe der Fragen 7 bis 9, wobei ein Maximalwert von 7 (100 %) erreicht werden kann. Zusammen ergeben diese beiden Werte Ihren Status zu den „Marketing Structures", für die maximal ein Wert von 21 (100 %) erreicht werden kann.

Der zweite Quadrant „Marketing Relevance" strukturiert sich in drei Subkategorien, „Marketing Dataness" (Summe aus Fragen 10 bis 13, 100 % = 8 Punkte),

Tab. 4.1 Marketing Readiness Assessment (Seebacher 2021)

Nr.	Fragen	Antwortmöglichkeiten (bitte ankreuzen)				Pkt.
1	Haben Sie eine aktualisierte Dokumentation zum Marketingprozess	Weiß nicht	Nein	Ja		
2	Wie viele Seiten hat die Dokumentation zum Marketingprozess?	< 10	10 bis 50	> 50		
3	Wie oft wird dieses Dokument aktualisiert?	Weniger als einmal im Jahr	Einmal pro Jahr	Fortlaufend		
4	Ist diese Dokumentation 24/7 online für jedermann zugänglich?	Weiß nicht	Nein	Ja		
5	Enthält diese Dokumentation klare Fristen und Zeitpläne?	Nein	Teilweise	Ja		
6	Wurde diese Dokumentation mit der gesamten Verkaufsorganisation geteilt und kommuniziert?	Weiß nicht	Nein	Teilweise	Ja	
7	Haben Sie Arbeitsplatzbeschreibungen für das gesamte Marketing-Team?	Weiß nicht	Nein	Teilweise	Ja	
8	Wie oft wird dieses Dokument aktualisiert?	Weniger als einmal im Jahr	Einmal pro Jahr	Fortlaufend		
9	Wurden diese Arbeitsplatzbeschreibungen der gesamten Verkaufsorganisation zur Verfügung gestellt und mit ihr kommuniziert?	Weiß nicht	Nein	Teilweise	Ja	
10	Ist das Thema Market(MI) a/o Business Intelligence (BI) im Marketing-Team/der Abteilung angesiedelt?	Weiß nicht	Nein	Ja		
11	Wenn NEIN, wo ist das Thema MI/BI angesiedelt?	Weiß nicht	Vertrieb	Andere Abt.		
12	Wenn JA, wie oft bittet jemand aus dem Vertriebsteam um Unterstützung im Bereich MI/BI?	Weiß nicht	Einmal im Monat	Einmal wöchentlich	Öfters	
13	Wenn JA, sind die MI/BI-Informationen 24/7 online interaktiv zugänglich und für die zuständigen Vertriebsmitarbeiter verfügbar?	Weiß nicht	Nein	Teilweise	Ja	
14	Befindet sich das Thema Strategie im Marketing-Team/der Abteilung?	Weiß nicht	Nein	Ja		
15	Wenn NEIN, wo befindet sich das Strategiethema im Bereich des Markierungsteams/der Abteilung?	Weiß nicht	Vertrieb	Andere Abt.		

(Fortsetzung)

Tab. 4.1 (Fortsetzung)

Nr.	Fragen	Antwortmöglichkeiten (bitte ankreuzen)				Pkt.
16	Wenn JA, wie oft bittet jemand aus dem Vertriebsteam um Unterstützung im Bereich der Strategie?	Weiß nicht	Einmal im Monat	Einmal wöchentlich	Öfters	
17	Ist das Thema Geschäftsentwicklung im Marketing-Team/der Abteilung angesiedelt?	Weiß nicht	Nein	Ja		
18	Wenn NEIN, wo ist das Thema Geschäftsentwicklung angesiedelt?	Weiß nicht	Vertrieb	Andere Abt.		
19	Wenn JA, wie oft bittet jemand aus dem Vertriebsteam um Unterstützung im Bereich der Geschäftsentwicklung?	Weiß nicht	Einmal im Monat	Einmal wöchentlich	Öfters	
20	Verfügt Ihr Marketing-Team/Ihre Marketing-Abteilung über eine klare Jahresstrategie?	Weiß nicht	Nein	Ja		
21	Hat Ihr Marketing-Team/Ihre Marketing-Abteilung klare, messbare jährliche KPI/Ziele?	Weiß nicht	Nein	Ja		
22	Enthalten Ihre Marketingziele auch Ziele für Direktvertrieb/Auftragseingang?	Weiß nicht	Nein	Ja		
23	Definieren Ihre Marketing-/Zielvorgaben eine bestimmte Anzahl von gelieferten qualifizierten Marketingleads pro Monat?	Weiß nicht	Nein	Ja		
24	Definieren Ihre Marketing-/Zielvorgaben eine bestimmte Anzahl gelieferter qualifizierter Leads pro Monat?	Weiß nicht	Nein	Ja		
25	Haben Sie ein vereinbartes und genehmigtes Sales Marketing Service Level Agreement?	Weiß nicht	Nein	Ja		
26	Sind die Ziele Ihres Marketing-Teams/Ihrer Marketing-Abteilung rund um die Uhr zugänglich und für den Rest der relevanten Organisation sichtbar?	Weiß nicht	Nein	Ja		
27	Verfolgt Ihr Marketing alle Aktivitätsbereiche mit klar definierten, validen Leistungskennzahlen?	Weiß nicht	Nein	Teilweise	Ja	
28	Ist Ihr Marketing-Team/Ihre Marketing-Abteilung regelmäßig in der Management-Sitzung des Unternehmens oder der betreffenden Abteilung vertreten?	Weiß nicht	Nein	Teilweise	a	
29	Ist Ihr Marketing-Team/Ihre Marketing-Abteilung regelmäßig in der Management-Sitzung des Unternehmens oder der betreffenden Abteilung vertreten?	Weiß nicht	Nein	Teilweise	Ja	

(Fortsetzung)

Tab. 4.1 (Fortsetzung)

Nr.	Fragen	Antwortmöglichkeiten (bitte ankreuzen)				Pkt.
30	Erfüllt Ihr Marketing-Team/Ihre Marketing-Abteilung die definierten Ziele?	Weiß nicht	Nein	Teilweise	Ja	

Tab. 4.2 Auswertungsraster zum Marketing Readiness Assessment (Seebacher 2021)

Nr.	A1	A2	A3	A4	P1	P2	P3	P4
1	Weiß nicht	Nein	Ja		0	0	2	
2	< 10	10 bis 50	> 50		1	2	3	
3	Weniger als einmal im Jahr	Einmal pro Jahr	Fortlaufend		1	2	3	
4	Weiß nicht	Nein	Ja		0	0	2	
5	Nein	Teilweise	Ja		0	1	2	
6	Weiß nicht	Nein	Teilweise	Ja	0	0	1	2
7	Weiß nicht	Nein	Teilweise	Ja	0	0	1	2
8	Weniger als einmal im Jahr	Einmal pro jahr	Fortlaufend		1	2	3	
9	Weiß nicht	Nein	Teilweise	Ja	0	0	1	2
10	Weiß nicht	Nein	Ja		0	1	2	
11	Weiß nicht	Vertrieb	Andere Abt.		0	0	1	
12	Weiß nicht	Einmal im Monat	Einmal wöchentlich	Öfters	0	1	2	3
13	Weiß nicht	Nein	Teilweise	Ja	0	0	1	2
14	Weiß nicht	Nein	Ja		0	0	2	
15	Weiß nicht	Vertrieb	Andere Abt.		0	0	1	
16	Weiß nicht	Einmal im Monat	Einmal wöchentlich	Öfters	0	1	2	3
17	Weiß nicht	Nein	Ja		0	0	1	
18	Weiß nicht	Vertrieb	Andere Abt.		0	0	1	
19	Weiß nicht	Einmal im Monat	Einmal wöchentlich	Öfters	0	1	2	3

(Fortsetzung)

Tab. 4.2 (Fortsetzung)

Nr.	A1	A2	A3	A4	P1	P2	P3	P4
20	Weiß nicht	Nein	Ja		0	0	1	
21	Weiß nicht	Nein	Ja		0	0	1	
22	Weiß nicht	Nein	Ja		0	0	1	
23	Weiß nicht	Nein	Ja		0	0	1	
24	Weiß nicht	Nein	Ja		0	0	1	
25	Weiß nicht	Nein	Ja		0	0	1	
26	Weiß nicht	Nein	Ja		0	0	1	
27	Weiß nicht	Nein	Teilweise	Ja	0	0	1	2
28	Weiß nicht	Nein	Teilweise	Ja	0	0	1	2
29	Weiß nicht	Nein	Teilweise	Ja	0	0	1	2
30	Weiß nicht	Nein	Teilweise	Ja	0	0	1	2

„Marketing Strategicness" (Summe aus Fragen 14, 15 und 16, 100 % = 6 Punkte) und „Go-To-Marketness" (Summe aus Fragen 17, 18 und 19, 100 % = 5 Punkte). Für diesen Bereich haben Sie 100 % erreicht, wenn Sie somit 19 Punkte durch Aufsummieren Ihrer Antworten errechnen. Der dritte Quadrant des MRA bezieht ermittelt die „Marketing Performance", die sich wiederum aus drei Subkategorien zusammensetzt. Diese sind die „Marketing Performability" (Summe aus Fragen 27 und 30, 100 % = 4 Punkte), „Marketing Transparency" (Summe aus Fragen 20, 21 und 26, 100 % = 3 Punkte) und „Marketing and Sales Alignment" (Summe aus Fragen 22 bis 25, 100 % = 4 Punkte). Der beste Wert für 100 % im Bereich der „Marketing Performance" liegt somit bei 11 Punkten. Der vierte Quadrant bewertet die „Marketing Positioning" innerhalb der Organisation und resultiert aus der Summe der Werte der Fragen 28 und 29 (100 % = 4 Punkte).

In der folgenden Tabelle (Tab. 4.3) können Sie nunmehr Ihre Punkte in den verschiedenen Quadranten bzw. deren Subkategorien eintragen und vermerken. Es wurden immer auch die maximal erreichbaren Punkteanzahlen voreingetragen. Durch die Umrechnung in Prozent gelangen Sie auf den indexierten Wert, den Sie für den Quick Check zu Ihrem Abschneiden im Vergleich zum aktuellen B2B MRA-Scoring benötigen.

Diese Punkte können Sie in der nachfolgenden MRA-Spinnengrafik (Abb. 4.1) einzeichnen, in der bereits mit der hellen Linie die aktuellen Ergebnisse von Mai 2020 aus dem branchenweiten B2B Marketing Readiness Assessment vorein-

Tab. 4.3 Auswertungsraster mit den vier Quadranten des MRA (Seebacher 2020)

Quadrant	Subkategorie	Punkte	Punkte/Quadrant	MRA Gesamt-punkte
Marketing Structures	Marketing Process Library	———/14 ———/100 %	———/21 ———/100 %	———/55 ———/100 %
	Roles and Responsibilities	———/7 ———/100 %		
Marketing Relevance	Marketing Dataness	———/8 ———/100 %	———/19 ———/100 %	
	Marketing Strategicness	———/6 ———/100 %		
	Go-To-Marketness	———/5 ———/100 %		
Marketing Performance	Marketing Performability	———/4 ———/100 %	———/11 ———/100 %	
	Marketing Transparency	———/3 ———/100 %		
	Marketing and Sales Alignment	———/4 ———/100 %		
Marketing Positioning		———/4 ———/100 %	———/4 ———/100 %	

getragen sind. Wenn Sie Ihre Werte auf den entsprechenden Achsen eingetragen haben, erkennen Sie sofort, wo die eigene bzw. evaluierte Marketing Organisation im Vergleich zum B2B Durchschnitt aktuell einzuordnen ist.

Die aktuellen Zahlen belegen, wie groß der Aufholbedarf seitens B2B Marketing ist. Mit einem Gesamtwert von 33,58 % befindet sich das B2B Marketing aktuell im Bereich der Stufe 1 und 2 des fünfstufigen Reifegradmodells, das wir hier im Buch beschrieben haben. Das dürfte auch der Hauptgrund dafür sein, dass das Standing des B2B Marketings in den Unternehmen relativ bescheiden ist. Der Umstand, dass in Bezug auf die so wichtige Marketing Process Library (MPL) der Score mit nur 18,79 % am geringsten ausfällt, verdeutlicht das Fehlen der erforderlichen strukturellen Ausgangsbasis. Ein B2B Marketer, der die eigenen Abläufe nicht genauestens kennt, diese sauber dokumentiert und laufend an den Prozessen arbeitet, wird auch nicht effizient und effektiv ein Marketing Automation System einführen und noch weniger davon profitieren können. Auffallend gering ist auch das Scoring in Bezug auf den Bereich „Marketing und Sales Alignment" (25,8 %), in dem nur rund ein

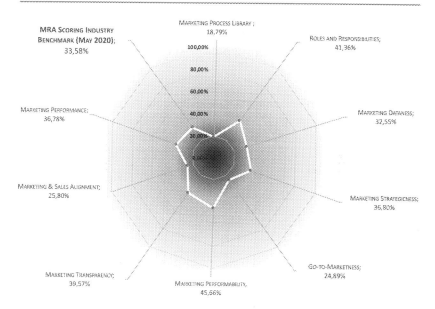

Abb. 4.1 Quick Check Matrix mit MRA Industrie Benchmarking Zahlen (Status Mai 2020). (© Seebacher 2020)

Viertel der Anforderungen erfüllt werden. Es ist aber genau diese Abstimmung, die nachhaltig für den Erfolg von B2B Marketing ausschlaggebend sein wird. Nur gemeinsam mit den internen Kunden und im Speziellen mit dem Vertrieb wird ein Erklimmen der höheren Stufen des Marketing-Reifegrad-Modells nachhaltig realisierbar sein.

Es gibt viel zu tun und die aktuellen Zahlen belegen mehr als deutlich, dass der Ball bei den B2B Marketers liegt. Es ist nicht davon auszugehen, dass sich die Situation von alleine ändern wird, denn jeder ist seines Glücks Schmied. Weiterhin zu lamentieren und sich über das mangelnde Verständnis zur Bedeutung von Marketing in Industrieunternehmen zu beschweren, kostet Zeit und wertvolle Energie. Der Veränderungsdruck nimmt immer mehr zu. Als B2B Marketer müssen Sie für sich selbst entscheiden, welchen Weg Sie einschlagen möchten, jenen als mitfahrende Broschüren- und Event-Manufaktur oder jenen des Gestalters, des proaktiven Treibers und des Umsetzers von Veränderung und Innovation mit dem kompromisslosen Bestreben aktiv Verantwortung am Umsatz und dem Gewinn des Unternehmens mit zu übernehmen.

Zusammenfassung und Ausblick

Ich habe in diesem Buch das spannende Feld des modernen Industriegüter-marketings auf den Punkt gebracht. Ich habe aufgezeigt, warum sich dieser Bereich momentan in einer Phase eines Paradigmenwechsels befindet. Es soll deutlich werden, dass dieser Wandel vom B2B-Marketing-Manager alleine nicht realisiert werden kann. Nur durch das gemeinsame und abgestimmte Vorgehen aller Beteiligten innerhalb einer Organisation können die Herausforderungen einer disruptiven Industrie bewältigt werden. Das erforderliche Veränderungs-management muss und kann nur von B2B Marketers ausgehen, denn nur die Ent-wicklungen im B2B Bereich ermöglichen es den konservativen Unternehmen sich nachhaltig im Rahmen der Netflix Economy neu aufzustellen. Dazu ist es erforderlich, dass sich auch die B2B Manager selbst neu positionieren und damit einhergehend auch deren Abteilungen. Das bedeutet, dass sich B2B Marketers intensiv weiterbilden und weiterentwickeln müssen. Marketer in einem Industrie-unternehmen ist keinesfalls mehr ein geschützter Arbeitsplatz und darf noch viel weniger ein Abstellgleis für Nicht-Performer sein. Unternehmen bzw. deren Manager, die sich dessen nicht bewusst sind, gehen nicht mit der Zeit und werden mit der Zeit bald gegangen sein.

Von diesem Hintergrund habe ich in diesem Buch überblicksmäßig die momentan gängigsten und wichtigsten Begriffe aufgelistet und beschrieben. Auf Basis dieser Begriffe habe ich den so entscheidenden Veränderungsprozess von B2B Marketing anhand des fünfstufigen Marketing-Reifegrad-Modells skizziert und die entsprechenden Instrumente und Methoden, ebenso wie die jeweils relevanten Themenbereiche erarbeitet und in einen Zusammenhang gesetzt. Es wurde auch darauf geachtet, die in den jeweiligen Phasen sich stellenden Heraus-forderungen und Gefahren zu thematisieren. Sehr konkret habe ich Tipps und

U. G. Seebacher, *B2B-Marketing*, essentials, https://doi.org/10.1007/978-3-658-30971-8

Handlungsempfehlungen zur Vermeidung von Gefahren und zum Lösen der anstehenden Herausforderungen beschrieben.

Im letzten Abschnitt habe ich Ihnen das Marketing Readiness Assessment an die Hand gegeben. Mit einfachen Mitteln können Sie sofort eine Analyse in Bezug auf den aktuellen Reifegrad Ihrer betreffenden Marketing Organisation durchführen. Mit dieser Information wissen Sie, wo Sie im Vergleich zu anderen Unternehmen stehen, und wo Sie konkret ansetzen müssen. Alle vier Quadranten des MRA beziehen sich auf in diesem Buch angesprochene Begriffe und Themen, sodass Sie sofort im Stande sein sollten, mit der Umsetzung zu beginnen.

Die Entwicklungen im Bereich des B2B Marketings werden nicht an Dynamik verlieren. Unternehmen, die es nicht zulassen werden, von diesen enormen Potenzialen zu profitieren, werden, wie es Joel Harrison von B2B Marketing in London im B2B–Marketing-Podcast[1] auch dargestellt hat, aussterben. Wenn Sie nach einem Jahr erkennen, dass Sie es trotz der Anwendung des Wissens und der Expertise aus diesem Buch in Ihrem jetzigen Unternehmen nicht schaffen, Marketing nachhaltig auf Augenhöhe mit anderen Abteilungen zu positionieren, dann wäre meine Empfehlung: Suchen Sie sich sicherheitshalber einen neuen Job, denn ohne die notwendigen Veränderungen wird es das Unternehmen nicht mehr lange geben. Ich hoffe, ich konnte Ihnen mit diesem Essential helfen und Sie hatten Spaß beim Lesen. Den Inhalt des Buches LIVE und hautnah erarbeiten wir vertiefenden und mit vielen weiteren Details und Praxisbeispielen im Rahmen des zweitägigen Seminars „Die Marketer Journey zur B2B Marketing Excellence"[2]. Ich würde mich freuen, Sie dort persönlich kennen zu lernen. Aber auch direkt stehe ich Ihnen jederzeit gerne für Austausch, Fragen und Unterstützung zur Verfügung. Schreiben Sie mir unter b2bmarketingguidebook@gmail. com. Ich freue mich, von Ihnen zu hören.

---

[1] https://anchor.fm/dashboard/episode/edn1kd. Zugegriffen: 16. Mai 2020.

[2] https://www.b2bseminare.de/alle-seminare/die-marketer-journey-zur-b2b-marketing-excellence. Zugegriffen: 19. Mai 2020.

Was Sie aus diesem *essential* mitnehmen können

- Einen aktuellen Überblick zu und einen Einblick in das dynamische Feld des Industriegütermarketings.
- Ein Reifegrad-Modell, das Ihnen als Wegweiser und Bezugsrahmen zur Seite stehen soll hinsichtlich der sich stellenden Herausforderungen und Themen.
- Ein effektives und einfach durchzuführendes Marketing Readiness Assessment, mit dessen Hilfe Sie erkennen können, wo Sie mit Ihrer Marketing Organisation aktuell stehen und womit Sie beginnen müssen.
- Die Erkenntnis, dass Sie als B2B Marketer aktiv die eigene Zukunft und die nachhaltige Positionierung des B2B Marketings mitgestalten müssen.
- Den Bedarf viel stärker und gemeinsam mit den internen Kunden im Unternehmen auf Augenhöhe zusammenzuarbeiten.
- Die Erkenntnis, dass Sie sich als B2B Marketer aktiv weiterbilden müssen von sich aus.
- Eine eMail-Adresse, über die Sie mich immer gerne erreichen können.

© Der/die Herausgeber bzw. der/die Autor(en), exklusiv lizenziert durch
Springer Fachmedien Wiesbaden GmbH, ein Teil von Springer Nature 2020
U. G. Seebacher, *B2B-Marketing,* essentials,
https://doi.org/10.1007/978-3-658-30971-8

Literatur

Argyris, Ch., Schön, D. (1978). Organizational Learning: A theory of action perspective. Massachusetts: Reading.

Bauer., T. et al. (2016). Marketing Performance: How Marketers Drive Profitable Growth. New York: Wiley.

Bünte, C. (2018). Künstliche Intelligenz – die Zukunft des Marketings. Ein praktischer Leitfaden für Marketing-Manager. Heidelberg: Springer.

Cairns, A. (2021). B2B Marketing Strategy – Finding the Needle in The Haystack. In: Seebacher, U. (2021). B2B Marketing – A Guidebook for the Classroom to the Boardroom. Heidelberg: Springer.

Gust, M.; Kriz, W. Ch. (2004). Führungsethik und Teamkompetenz entwickeln. In: Seebacher, U. G.; Klaus, G. (2004). Handbuch Führungskräfte-Entwicklung – Theorie, Praxis und Fallstudien. München: USP Publishing.

Klaus, L. (2021). Marketing Automation – Exploring the Process Model for Implementation. In: Seebacher, U. (2021). B2B Marketing – A Guidebook for the Classroom to the Boardroom. Heidelberg: Springer.

Kotler, P. et al. (2019). Grundlagen des Marketings. New York: Pearson Studium.

Mrohs, A. (2021). Marketing Automation – Defining the Organizational Framework. In: Seebacher, U. (2021). B2B Marketing – A Guidebook for the Classroom to the Boardroom. Heidelberg: Springer.

Negovan, M. (2021). 356 Days Marketing Turnaround – A Fact-Driven, Bullet-Proof Showcase Guide. In: Seebacher, U. G. (2021). B2B Marketing – A Guidebook for the Classroom to the Boardroom. Heidelberg: Springer.

Romero-Palma, M. (2021). Choosing the Right Marketing Automation Platform – A SME Success Story. In: Seebacher, U. G. (2021). B2B Marketing – A Guidebook for the Classroom to the Boardroom. Heidelberg: Springer.

Reisert, R.; Biberston, R. (2017). Outbound Sales, No Fluff: Written by two millennials who have actually sold something this decade. Kindle Edition.

Seebacher, U. G. (2021). Template-based Management – A Guide for an Efficient and Impactful Professional Practice. Heidelberg: Springer.

Seebacher, U. G.; Klaus, G. (2004). Handbuch Führungskräfte-Entwicklung – Theorie, Praxis und Fallstudien. München: USP Publishing.

Seebacher, U. G.; Guepner, A. (2011). Marketing Ressource Management – So stürmen Marketers an die Unternehmensspitze! München: USP Publishing.

Seebacher, U. G. (2021). B2B Marketing – A Guidebook for the Classroom to the Boardroom. Heidelberg: Springer.

Seeberg, I.; Runde, B. (2004). Führung in Veränderung. In: Seebacher, U. G.; Klaus, G. (2004). Handbuch Führungskräfte-Entwicklung – Theorie, Praxis und Fallstudien. München: USP Publishing.

Strohmeier, L. (2021). Central Business Intelligence. In: Seebacher, U. (2021). B2B Marketing – A Guidebook for the Classroom to the Boardroom. Heidelberg: Springer.

Weinländer. M. (2021). Corporate Influencing in B2B – Employees as Brand Ambassadors in Social Media. In: Seebacher, U. G. (2021). B2B Marketing – A Guidebook for the Classroom to the Boardroom. Heidelberg: Springer.

Wenger, St. (2021). Successful Lead Management – Nothing's Gonna Stop us Now. In: Seebacher, U. G. (2021). B2B Marketing – A Guidebook for the Classroom to the Boardroom. Heidelberg: Springer.

Printed in the United States
By Bookmasters